Arthur Maibach

Die Kirche Einigen im Kontext mit den Wundertaten Jesu

„Stehe auf, nimm dein Bett und gehe“
Johannes, 5,8

Arthur Maibach

Die Kirche Einigen im Kontext mit den Wundertaten Jesu

Rediroma-Verlag

Bibliografische Information der Deutschen Nationalbibliothek:
Die Deutsche Nationalbibliothek verzeichnet diese Publikation in der Deutschen Nationalbibliografie; detaillierte bibliografische Daten sind im Internet über http://portal.dnb.de abrufbar.

ISBN 978-3-98527-096-5

www.rediroma-verlag.de
16,95 Euro (D)
19,00 CHF

Inhalt

Einführung

Der Kirche „zum Paradies“ in Einigen am Thunersee werden viele Wundertaten zugeschrieben. Elogius Kiburger[1] nennt in der Strättliger Chronik 22 Heilungen von Lahmen, Blinden, Gichtbrüchigen, Geisteskranken und Verletzten. Auch Tote, Erhängte und Ertrunkene wurden auferweckt. Es handelt sich um Heilungen und Wunder, welche sich über eine längere Zeit in Einigen zugetragen haben sollen, jedoch plötzlich aufhörten, nachdem der schreibende Pfarrer nach Worb gerufen wurde. Mag sein, dass danach in Einigen keiner mehr schreiben konnte, keiner da war, dem solche Wunder aufgefallen waren, oder es schlicht und einfach keine Wunder und Wallfahrten mehr gab. Kiburger nennt ein lateinisches Buch, aus dem er den Text für die Chronik abschrieb. Eine Möglichkeit wäre, dass dieses lateinische Buch mit dem „Dialogus Miraculorum“ (Dialog über die Wunder) von Caesarius von Heisterbach im Zusammenhang steht. Dieses wurde auf die Jahre 1219 bis 1223 datiert. Ob nun dieses Buch den Weg nach Einigen gefunden hatte oder ob er im Besitze von anderen lateinischen Büchern war, kann an dieser Stelle nicht beantwortet werden. Mit grosser Wahrscheinlichkeit aber sind auch die

---

[1] Pfarrer in Einigen um 1446-1456

Geschichten des Caesarius von Heisterbach auf die Grundlage der Wunder und Heilungen von Jesus zurückzuführen und auf die Region in der Eifel umgearbeitet. Jedoch war Kiburger, in seiner Tätigkeit als Pfarrer, auch im Besitze einer Bibel, welche mit grösster Wahrscheinlichkeit in lateinischer Sprache geschrieben war, da diese zu dieser Zeit noch nicht in eine Sprache übersetzt war, welche in der Region am Thunersee gesprochen wurde.

Die Bibel wurde ursprünglich in hebräisch (Altes Testament) und griechisch (Neues Testament) verfasst. Schon im 4. Jahrhundert war der Text ins Lateinische übersetzt worden. Diese Bibel nannte man Vulgata. Eine andere Übersetzung, die unserer Sprache schon sehr ähnlich ist, entstand auch im 4. Jahrhundert. Dabei handelt es sich um die „Wulfila-Bibel", das älteste erhaltene Schriftstück des Gotischen. Wulfila, geboren im Jahr 311, war ein westgotischer Bischof, der die Bibel für die zum Christentum übergetretenen Goten aus dem Griechischen übersetzte. Nur ein Teil dieser Bibelübersetzung, nämlich drei Viertel des Neuen Testament und ein Stück des Nehemia aus dem Alten Testament sind in Handschriften des sechsten Jahrhundert überliefert.[2] Wulfila, der Missionar der Donaugoten, starb auf dem Konzil zu Konstantinopel im Jahr 383.

Obschon der Reformator Martin Luther der folgenreichste Bibelübersetzer war, war er nicht der erste. Bereits im frühen 14. Jahrhundert hatte ein anonymer Autor, den man heute nur den Österreichischen Bibelübersetzer nennt, grosse Teile der lateinischen Vulgata in ein schönes flüssiges Deutsch übertragen. Die erste gedruckte deutsche Bibel war die sogenannte Mentelin-Bibel, die 1466 elf Jahre nach der lateinischen Gutenberg-Bibel in Strassburg bei Johannes Mentelin erschien. Insgesamt gab es vor Luther 18 deutsche Bibeldrucke. Welche Bibel Kiburger sein Eigen nannte, ist reine Spekulation. Mit grosser Wahrscheinlichkeit handelte es sich um eine in lateinischer Sprache. Die Bibel ist jedoch mit Sicherheit nicht das lateinische Buch, von dem er schreibt. Welche Bücher er hatte und welches ihn dazu inspirierte, die Strättliger Chronik zu verfassen, kann nicht beantwortet werden und würde keiner Quellenkritik standhalten.

Er schreibt in der Strättliger Chronik sehr oft von einem lateinischen Buch, woraus er abgeschrieben

---

[2] Freie Universität Berlin, http://neon.niederlanddistik.fu-berlin.de/de/nedling/taalgeschiedenis/gotische_bijbelver... 10.06.2019

habe. Ein Buch, das es gab, eines, das in seinem Besitze war, und das Buch, welches er nicht nur abschrieb, sondern auch in die damalige deutsche Sprache übersetzte, ins Frühneuhochdeutsche. Ganz am Schluss seines Buches wünscht er, dass dieses Buch weiter abgeschrieben werden möge, sodass es nicht vergessen werde. Diesen Aufruf habe ich angenommen und von Hand, mit meiner Handschrift, mit Federhalter und Tinte alle 166 Seiten abgeschrieben und ins Gegenwartsdeutsch übersetzt. So wie es vor der Zeit des Buchdrucks viele Mönche in den Klöstern taten und es auch Elogius Kiburger machte.

Was auch immer dazu führte, dass Kiburger die Chronik mit all den Wunderheilungen abschrieb, wird im Verborgenen bleiben. Jedoch gehen alle Heilungen, welche er erwähnte, auf Texte in den Evangelien des Neuen Testaments zurück. Die Wundertaten Jesu wurden oft für alles Mögliche und Unmögliche gebraucht und missbraucht und hatten vielen Kirchen und Klöstern mitgeholfen die Wallfahrt anzukurbeln und die Kassen zu füllen.

Mit dieser Arbeit begebe ich mich auf den Pfad der Forschung, in dem ich die Wundergeschichten der Kirche im Paradies den wahrhaftig geschehen Wunderheilungen Jesu gegenüberstelle.

Fragestellung und Quellenlage

Nachdem ich mich seit vielen Jahren sehr intensiv mit der Strättliger Chronik, der Kirche Einigen und dem gleichnamigen Ort befasse, suchte ich nach einem Zusammenhang der Wunder Jesu und denen von Einigen. Ich fand viele Parallelen, nicht nur zwischen Kapernaum und Einigen, sondern auch der Wunder und Zeichen. So setzte ich mich mit den vier Evangelien und der Strättliger Chronik auseinander und fand Antworten, welche mich dazu bewegten dieses Buch zu schreiben.

Die Frage ist jedoch, warum hat Kiburger das lateinische Buch abgeschrieben? Trug schon der Urtext den Titel „Strättliger Chronik“ oder gab der Pfarrer von Einigen ihm diesen Namen? Diese Fragen werden nicht zu beantworten sein, da dieses Buch verloren ist. Die Frage aber nach dem Warum beantwortet Kiburger. Eine Antwort, die sich wie ein roter Faden durch alle 166 Seiten durchzieht. Auf der zweiten Seite der Chronik lesen wir schon vom allmächtigen Gott, der erleuchtet und den Weg der Wahrheit aufzeigt, auch ein erstes Zeichen und Wunder wird beschrieben. Das Buch ist ein Hinweis auf das Wirken Gottes, an die Liebe Gottes, an die Gnade Gottes und die Kraft Gottes. Die von Rom aus beherrschte Kirche war mit Kritik konfrontiert und die ersten deutschsprachigen Bibeln trugen nicht zu einer Beruhigung bei. Die wenigen Leute, die lesen konnten, sahen, dass die Worte der Priester und Pfarrer nicht in allem mit dem, was in der Bibel steht, übereinstimmen, und stellten unangenehme Fragen. Kiburger war ein treuer, obrigkeitsgläubiger Pfarrer und setzte sich für Rom und die Päpste ein. Das Wichtigste jedoch war für ihn der Glaube, an dem er festhielt und mit allen ihm gegebenen Möglichkeiten weiter zu geben versuchte. Er glaubte an Gott, an seine Kraft, an Jesus und die Auferstehung. Auch an den heiligen Erzengel St. Michael, dem die Kirche geweiht war. Und er glaubte an die Wunder und Zeichen, die bei der Kirche im Paradies geschehen sein sollen. Darum machte er es sich zu Pflicht, diese Aussagen aus dem lateinischen Buch für seine und weitere Generationen zu bewahren. Er setzte alles daran, Gott die Ehre zu erweisen.

Die einzige Quelle, in der von den Wunderheilungen geschrieben wurde, ist die Strättliger Chronik des Elogius Kiburger. Da stellt sich die Frage, warum und für wen schrieb der Pfarrer von Einigen diese Chronik? Es sei zu beachten, dass zur Zeit der Niederschrift nur etwa zehn Prozent der Bevölkerung lesen konnten. Im ländlichen Einigen am Thunersee könnten es noch bedeutend weniger gewesen sein, möglicherweise etwa drei bis vier Personen. Auch in Worb und Münsingen, wo er später diente, fand er mit Sicherheit nur wenig Leser, da der Buchdruck ja gerade erst in der Erfindungsphase war.

So wird eine Quelle, das Buch „Strättliger Chronik“, als Grundelement verwendet, eine Quelle, welche abgeschrieben wurde, jedoch nicht als reine Fantasie verurteilt werden kann. Auch werden die fünf Bände „Dialog über die Wunder“ des Caesarius von Heisterbach, mit einbezogen und das Buch, mit dem alles angefangen hat, die Bibel. Und aus der Heiligen Schrift werde ich sehr viel zitieren. Seit 1976 arbeite ich mit der „Neuen Scofield-Bibel“, nach der deutschen Übersetzung D. Martin Luthers, Herausgeber C.I. Scofield, D.D. Verlag: Mitternachtsruf, Pfäffikon ZH, Schweiz. Generalauslieferung: Genfer Bibelgesellschaft, das Haus der Bibel, Genf 1967. Wobei ich jeweils das Buch, das Kapitel und die Verse in Klammern anfügen werde.

Die Fragestellung, welche auch die Ursache für diese Arbeit darstellt, ist, woher hatte Kiburger seine Geschichten. Kannte er Texte von Caesarius von Heisterbach, hatte er wirklich alles abgeschrieben oder verwandelte er die Wundertaten aus den Evangelien in Geschichten der Kirche Einigen um. An der Wahrheit der Wundertaten Jesu besteht meiner Ansicht nach kein Zweifel.

Inwiefern sich jedoch die Wunder von Einigen zutrugen, kann nicht beantwortet werden.

Das Buch „Wunderbrunnen von Einigen“ will ich nicht als Quelle bezeichnen, jedoch ist es die Grundlage für diese Arbeit und es werden einige Texte ungekürzt übernommen. Für das Buch „Wunderbrunnen“ habe ich viele Quellen miteinbezogen, welche ich jeweils in der Quellenangabe erwähnen werde. Dazu kommen auch die visuellen Quellen, die Region am Thunersee, die Kirche Einigen und der Brunnen. Diese Quellen möchten ihre Geschichte erzählen. Die Hauptquelle wird aber die Bibel sein, aus der die Wundertaten Jesu wortgetreu weitergegeben werden. Aber auch das Wort Kirche, die Kirche, nicht als Gebäude, sondern das Christentum, soll erwähnt werden und der Brunnen, der Wunderbrunnen und dessen wirkliche Bedeutung.

Möge es gelingen, dass diese Zeilen zum Nachdenken anregen, viele Leser im Glauben stärken oder zum Glauben bringen können.

Die Kirche, das Christentum

„Kirchengeschichte ist Geschichte der Kirche, nicht der Kirchen. Die Kirche, um die es sich in der Kirchengeschichte handelt, ist nicht kongruent mit der Kirche im dogmatischen (religiösen) Sinn in irgendeiner Formulierung, auch nicht mit irgendeinem philosophischen Nachhall der Kirche im dogmatischen Sinn. Kirche im geschichtlichen Sinn ist vielmehr das Christentum oder die christliche Religion, d.h. der durch mehr als neunzehn Jahrhunderte hindurchgreifende Bezeichnungskomplex, der mit dem Wirken Jesu und den Apostel anhebt".[3] Mit diesen Worten beschreibt Karl Heussi im Kompendium der Kirchengeschichte den Gegenstand der Kirchengeschichtsschreibung. Was ist Kirche? Viele Menschen verstehen unter dem Wort Kirche ein Gebäude. So werden vielerorts Kirchenführungen angeboten, wo mehr oder weniger gut ausgebildete und informierte Leute den Besuchern ihre Kirche, ein Gebäude, zu erklären versuchen. Dabei wird meist nur auf das sakrale Gebäude, das Datum der Erbauung, die Architektur, den Innenraum, die Fenster, den Altar oder Abendmahltisch und die Glocken hingewiesen. So wird aus der Kirche ein

[3] Karl Heussi, Kompendium der Kirchengeschichte, J.C.B. Mohr (Paul Siebeck) Tübingen, 1988, S. 4

Gebäude gemacht und vom einzigen wahren Kern wird abgelenkt. Die Besucher verlassen nach einer Kirchenführung diesen Ort, an dem mit Jahreszahlen, Baustilen, Glas- und Deckenmalereien, Glocken und Orgel um sich „geworfen“ wurde, bekamen jedoch kein Wort zum Grund und Zweck des Gebäudes. Kyriakos, ein griechisches Wort, zu deutsch „Kirche“, meint: zu einem Herrn gehörend, also nicht auf ein Haus, sondern allein auf den Kyrios, den Herrn Jesus Christus. Im Neuen Testament finden wir in den griechischen Originalen der Briefe das Wort „ekklesia“, welches „herausgerufene“ bedeutet und mit Kirche übersetzt wurde. Weder „Kyriakos“ noch „Kyrios“ oder „ekklesia“ gibt einen Hinweis auf ein Gebäude. Es handelt sich immer ums Christentum, welches nicht in einem Gebäude deponiert ist und bei Bedarf oder am Sonntagmorgen ein bisschen abgeholt werden kann. Christentum, die Kirche ist in den Herzen der Gläubigen und es entscheidet sich, ob man den Ruf des Evangeliums gehört, gelesen und angenommen hat oder nicht. Jeder Gläubige trägt das Christentum in sich und wenn mehrere Christen zusammen sind, ist Gott mitten unter ihnen. Deswegen gilt zu unterscheiden, ob vom Christentum oder von einem Gebäude gesprochen wird.

In Einigen steht nun schon seit über tausend Jahren ein Haus, ab etwa dem 14. Jahrhundert mit Turm und Glocken, welches Kirche genannt wird, und das ist gut so. Die Kirche, das Gebäude, ist der Mittelpunkt in diesem Ort am Thunersee. Seit das Gebäude erbaut wurde, suchten viele Menschen und Pilger die Nähe Gottes in diesen Mauern und fanden sie auch. Das Haus bringt Menschen zusammen und die Worte der Frauen und Herren Pfarrer übertragen die Kraft Gottes an die Christengemeinde. In eine Christengemeinde, welche die Kirche, das Christentum in sich tragen.

Die Kirchen jedoch sind die Gebäude, so ist das Sakralgebäude von Einigen die Mutterkirche der zwölf Thunersee Kirchen. Somit hat das Wort Kirche zwei Bedeutungen, zum einen ist es das Gotteshaus und zum anderen das Christentum, die christliche Religion. Der französische Theologe und Kirchenhistoriker Alfred Loisy (1857-1940) prägte den Satz: „Jesus predigte das Reich Gottes, gekommen ist die Kirche.“

Nun noch einige Worte zum Reich Gottes, welches im Vaterunser (dein Reich komme) und bei Lukas erwähnt wird. Das Reich Gottes muss man sich als eine Utopie und Realität gleichzeitig vorstellen. Als Utopie deshalb, weil es noch erwartet wird, also noch nicht da ist, und als Realität, weil Jesus allen Ernstes sagte, dass es schon da sei. Im Gebet Vaterunser lesen wir die Bitte: „Dein Reich komme“, ein Hinweis, dass auf das Reich Gottes gewartet wird. Dies war noch bevor Jesus Menschen heilte und Dämonen austrieb. In Lukas 11,20 können wir lesen: „Das Reich Gottes ist schon da.“ Es ist in den Krankenheilungen Jesu irdische Realität, denn Jesus sagte deutlich: „Wenn ich mit dem Finger Gottes die Dämonen austreibe, ist das Reich Gottes zu euch gekommen.“ Jesu hatte die Macht und Kraft Gottes, Dämonen auszutreiben. Für das Kommen des Reiches Gottes setzt Jesus die Heilung von Kranken, die Emanzipation von Diskriminierten und die Kritik der Unterdrückten von Mensch zu Mensch voraus. All dies ist zu der Zeit, als Jesus lebte, in seinem Umfeld geschehen. Nun stellt sich die Frage, ob wir weiterhin auf das Reich Gottes warten sollen oder glauben, was Lukas in seinem Evangelium, auf Grund der Worte Jesu geschrieben hatte. Jesus heilte Kranke und trieb Dämonen aus, was klar und deutlich darauf hinweist, dass das Reich Gottes mitten unter uns Menschen ist, in den Menschen, welche auf Gott eingehen und eine Umkehr wagen.

Wollte Elogius Kiburger, als er die Strättliger Chronik abschrieb, auf das Reich Gottes hinweisen. Ist das der wahre Grund dieser Arbeit und erwähnte er deshalb all die Wunder und Zeichen, die im Namen Gottes und des heiligen Michael in

Einigen geschehen sein sollen. Ist sein Buch ein Hinweis auf das Reich Gottes, welches schon mitten unter den Menschen war? Auch bringt Kiburger zum Ausdruck, dass ihm die Nächstenliebe sehr wichtig war. Menschenwürde und Menschenrechte, aber auch die Liebe zu Fremden, waren ihm ein Anliegen.

Im Kirchenfenster der Kirche Einigen, welches dem See zugewandt ist, befindet sich die „Vaterunserscheibe", auf der das erste Bild einen Hinweis auf die Bergpredigt gibt. In der Bergpredigt sagt Jesus, wie wir richtig beten und wo wir dies tun sollen. Die Bedeutung dieses Gebets ist so gewaltig, dass im Chor der Kirche Einigen dieses Gebet, das Gebet Jesu, als Glasfenster mit acht Bildern nach Osten ausgerichtet, seinen Platz fand, in einer Kirche, die sich mit vielen Wundern und Zeichen einen Namen machte. So lesen wir in der Bibel, im Matthäusevangelium, dass unmittelbar nach der Bergpredigt in Kapitel 8 und 9 Taten, Wunder und Zeichen geschahen.

Jesus lehrt uns beten:

„Und wenn du betest, sollst du nicht sein wie die Heuchler, die da gern stehen und beten in den Schulen und an den Ecken auf den Gassen, auf dass sie von den Leuten gesehen werden. Wahrlich ich sage euch: Sie haben ihren Lohn dahin. Wenn aber du betest, so gehe in dein Kämmerlein

und schliess die Tür zu und bete zu deinem Vater im Verborgenen; und dein Vater, der in das Verborgene sieht, wird dir's vergelten öffentlich. Und wenn ihr betet, sollt ihr nicht viel plappern wie die Heiden; denn sie meinen, sie werden erhört, wenn sie viele Worte machen. Darum sollt ihr euch ihnen nicht gleichstellen. Euer Vater weiss, was ihr bedürfet, ehe denn ihr ihn bittet. (Math. 6,5-8)

Die Hauptaussage dieses Textes ist der Ort, wo wir beten sollen. „Gehe in dein Kämmerlein, in den Tameion, schliesse die Tür und bete im Verborgenen zu deinem Vater." Die stille Kammer, das Tameion, ist die Vorratskammer, ein Raum im Innersten jedes Hauses, der einzige Raum, den man abschliessen kann. Beten ist keine öffentliche Angelegenheit, kein sich zur Schau stellen, keine gedankenlose Häufung von Gebetsworten, nur um dem Mitmenschen eine geheuchelte Frömmigkeit vorzutäuschen. Beten ist ein Zweigespräch mit dem Allmächtigen Gott, alleine, ohne Zuhörer.

„Darum sollt ihr also beten: Unser Vater in dem Himmel. Dein Name werde geheiligt. Dein Reich komme. Dein Wille geschehe auf Erden wie im Himmel. Unser täglich Brot gib uns heute. Und vergib uns unsere Schuld, wie wir unsern Schuldigern vergeben. Und führe uns nicht in Versuchung, sondern erlöse uns von dem Übel. Denn dein ist das Reich und die Kraft und die Herrlich-

keit in Ewigkeit. Amen. (Math. 6,9-13)

In der Bergpredigt, in der Jesus zu seinen Jüngern und einigen aus dem Volk sprach, ging er mit dem Gebet Unser Vater als Höhepunkt zur Tat über. Nun kommt zur Vollmacht und Grossmacht der Rede noch die Kraft der Taten, Wunder und Zeichen hinzu. Als Jesus mit dem Volk vom Berg herabging, kam ein Aussätziger, betete ihn an und bat um Heilung, welche ihm auch sofort gegeben wurde.

Elogius Kiburger

Die Bibel und Jesus bedürfen keine Einführung oder Erklärung, jedermann weiss von dem Buch der Bücher. Jede der drei monotheistischen Buchreligionen kennt die fünf Bücher Mose, mit den Gesetzen und Geboten. Alle kennen Jesus. Täglich bestätigt jede Person weltweit, dass Jesus vor über 2000 Jahren gelebt und gewirkt hat, indem sie das Datum schreibt. Jesus hat Spuren hinterlassen, welche uns in alle Ewigkeit begleiten werden. Elogius Kiburger kennen nur sehr wenige. Seine noch bekannteste schriftliche Hinterlassenschaft ist die Strättliger Chronik.

Die Strättliger Chronik von Elogius Kiburger gilt als ein umstrittenes historisches Dokument. Das lateinische Buch, welches er als Vorlage benutzt hat, ist unbekannt. Dr. Jakob Baechtold, der Herausgeber der „Strättliger Chronik" nennt es „Ein Beitrag zur Sagen- und Legendengeschichte der Schweiz im XV. Jahrhundert." Das Vorwort beginnt mit den Worten: *Indem ich unsere „Bibliothek älterer Schriftwerke" mit einer der ältesten deutschen Chroniken aus der Schweiz eröffne, die freilich auf geschichtlichen Werth wenig Anspruch zu machen hat, uns aber, sowie „das Herkommen der Schwyzer" zeigt, wie man im XV. Jahrhundert anfing, Schweizergeschichte zu machen, habe ich ihr nur wenige Geleitworte auf den Weg zu geben, (--). Die vielfach mit der Strettlinger Chronik verknüpften litterarhistorischen Momente liessen den vorliegenden Band ohne allzu grossen Zwang unserer Bibliothek, die eigentlich die sog. schöne Literatur der Schweiz ins Auge fasst, einverleiben.“*

Von grosser Bedeutung ist auch die Frage, wer etwas wann und warum geschrieben hat. Wurde ein Text unmittelbar während eines Ereignisses nur Stunden danach oder nach vielen Jahren zu einem schriftlichen Text abgefasst. Verstrichen zwischen Ereignis und Niederschrift einige Monate, Jahre oder Jahrzehnte? War der Verfasser des Textes persönlich anwesend, war er Augenzeuge? Konnte er die Informationen von einem Augenzeugen erhalten haben. Dies sind eine Menge Fragen, die es zu beantworten gibt, um einer Aussage die nötige Wahrheitskraft zu verleihen. Diese Fragen können oft nicht beantwortet werden, was zur Annahme hinweist, dass es sich um über Jahre hinweg mündlich weitergegebene Erzählungen handelt, bei denen jeder, der sie weitergab, seiner Fantasie freien Lauf liess.

Zudem ist noch zu erwähnen, dass die Sprache von der Zeit des Geschehens bis zur Niederschrift Veränderungen ausgesetzt war. Das geht von Latein über Mittelhochdeutsch zu Frühneuhochdeutsch, mit all den verschiedenen Dialekten, was dem Wahrheitsgehalt einer Aussage noch das seinige dazu tat. So wurde aus einem Körnchen Wahrheit, viel Fantasie und mit dem Verstreichen von vielen Jahren Geschichten, die oft mit der Wahrheit absolut nichts tun haben. Geschichten, die als Sagen bis zum heutigen Tag weiter erzählt werden, denen Denkmäler erbaut wurden (Telldenkmal, Winkelrieddenkmal, usw.), Sagen, die so oft und mit Nachdruck erzählt werden, bis der Erzähler diese selbst glaubt.

Auch stellt sich die Frage, für wen wurde ein Text geschrieben? Wer war der Auftraggeber? Lesen und Schreiben war lange Zeit nur dem Klerus und der weltlichen Obrigkeit vorbehalten. Somit konnte der Auftraggeber für einen Text nur die Kirche oder der Staat sein. Chronisten wollten oder mussten ihren Auftraggebern dienen und hatten die Texte nach ihren Wünschen zu verfassen. Es gab keine freien Journalisten, keinen, der aus freiem Willen seine Erfahrung und Meinung niederschrieb. Und es gab auch nur sehr wenige, die lesen oder schreiben konnten.

„Die Kirche soll an dem end des Garten, der Hofsatt, welche zum Paradiese hiess, gebaut werden.“ Nur ein sehr schöner, ein wunderbarer, ein alles übertreffender Ort kann den Namen *zum Paradies* tragen. Dieser Ort war nicht nur im ers-

ten Jahrtausend von hervorragender Schönheit, er ist es immer noch. So hat auch ein Schriftsteller, der im Jahr 1930 von Wien nach Einigen zog, diesen Ort wegen seiner paradiesischen Schönheit und Ruhe als seinen Wohn- und Arbeitssitz gewählt. Er liebte diesen Ort so sehr, dass er den Ortsnamen seinem eigenen Namen beifügte. Hans Müller Einigen erklärte dieses Dorf in seinem Buch „Geliebte Erde", zum ***schönsten Punkt der Welt.*** Dieser Punkt, mit dem Namen Einigen, und die Kirche *zum Paradies* werden der Hauptteil dieses Versuches sein, *„Die Strättliger Chronik von Elogius Kiburger"* ein weiteres Mal auf seine Wahrheit zu prüfen und vor dem Vergessen zu bewahren. Es ist nicht meine Absicht, die Strättliger Chronik zu erklären, nein, sie soll ihren Platz in der Geschichte der Bäuert Einigen und der Kirche zum Paradies erhalten. So werde ich aus der *Strättliger Chronik*, sehr viel zitieren, mit Schwerpunkt Brunnen. Dazu benutze ich die Ausgabe von Dr. Jakob Baechtold, im Verlag von J. Huber Frauenfeld, im Jahre 1877. Der Originaltext wird in *Kursivschrift,* mit der entsprechenden Seitenzahl in Klammern ersichtlich gemacht. Da die Strättliger Chronik in frühneuhochdeutscher Sprache[4] abgefasst ist, wird sie vom Verfasser ins

[4] Frühneuhochdeutsch nennt man die historische Sprachstufe der deutschen Sprache zwischen dem Deutsch des Mittelalters, den

heutige Deutsch, dem Neuhochdeutsch, umgesetzt.

Nun ist es aber an der Zeit, den Autor der Strättliger Chronik, Elogius Kiburger kennenzulernen. In der Strättliger Chronik, Urtext Seite 30, in der Ausgabe von Baechtold Seite. 38, nennt er sich selbst Elogius Kiburger. Der Name Eulogius Kiburger wird bei Baechtold nur einmal auf S. XXXI mit dem „u“ geschrieben. So werde ich mich an den Namen halten, wie er sich selbst nennt: *„da ich aber, Schreiber dieses Buches mit dem Namen Elogius Kiburger, Kirchherr der Kirche zu den selben Zeiten des Paradieses St. Michaels in dem Jahr, da man von der Geburt Christi zählt vierzehnhundert vierzig und sechs Jahr ...“ (38, 16-20).* Das Geburtsjahr von Kiburger ist nicht bekannt, jedoch hat Hans Gustav Keller in seinem Buch Einigen eine Jahreszahl angenommen: *„Wenn man annimmt, dass Kiburger der Verfasser des wahrscheinlich um 1439 geschriebenen Regimen pestelenciale ist, so wird die Vermutung erlaubt sein, er sei zur Zeit der Abfassung dieses Pestregiments etwa 20 – 30 Jahre alt gewesen. Er wäre folglich frühestens um 1410 – 1420 geboren. 1446 war er bestimmt Pfarrer von Eini-*

Mittelhochdeutschen und dem heutigen Deutsch, dem Neuhochdeutschen. Die Periode der frühneuhochdeutschen Sprache wird ungefähr von 1350 bis 1650 angesetzt.

gen, was auf ein Alter von ungefähr 20 – 25 Jahre schliessen lässt und auf ein Geburtsjahr zwischen 1420 – 1425.“[5] Er stirbt in Bern am 15. Juli 1506, was auf ein Alter von 85 – 95 Jahren hinweist.

Die Pfarrerausbildung vor der Reformation umfasste relativ bescheidene Kenntnisse: „Legere, Cantare, Exponere, Sententiare, Declinare, Construere, in Generalibus curae et practice.“ Die Kandidaten für die Priesterweihe mussten eine gewisse Lesefähigkeit vorweisen können, Singen, das Auslegen von Bibeltexten, das rudimentäre Beherrschen der lateinischen Sprache sowie das Verständnis der Grundsätze der Seelsorge und deren praktische Anwendung kennen. Das Erkennen von Sünden und Nicht-Sünden, die Buss- und Sakramentslehre sowie den Ablauf des Kirchenjahres mit den Festen oder Kalenderberechnungen. Akademisch-theologisches Wissen wurde hingegen nicht verlangt.[6] Was bei dieser Ausbildung besonders ins Auge fällt, sind die Aussagen, „eine gewisse Lesefähigkeit“ und „das rudimentäre Beherrschen der lateinischen Sprache“. So kann man davon ausgehen, dass sich Kiburger mit eher mittelmässigen Kenntnissen der lateinischen Sprache mit einem lateinischen Buch beschäftigte,

---

[5] Hans Gustav Keller, Einigen, S. 61, Thun, Druck und Verlagsanstalt Adolf Schaer. 1946

[6] Beat Immenhauser, Berner Zeitschrift für Geschichte und Heimatkunde, 70. Jahrgang, 2008, Heft 2, Seite 2

welches er transkribierte und als Grundlage für die Strättliger Chronik brauchte. Da, wo die Sprachkenntnisse nicht oder nur rudimentär vorhanden waren, kam mit grosser Wahrscheinlichkeit Kiburgers Fantasie zur Anwendung.

Elogius Kiburger war ein bernischer Geistlicher, der im Dienste der Bubenberger emporkam. Er war ein Schützling des Heinrich von Bubenberg und seines Sohnes Adrian. Von Heinrich spricht er als von „meinem gnädigen lieben wohlgeborenen und edlen Herren von Bubenberg“, der zu seiner Zeit Schirmherr der Kirche zu Einigen war. Seit 1456 finden wir Kiburger in Worb, wo er auch im Dienste Heinrichs von Bubenberg stand. 1478 wird Kiburger Kämmerer und Kaplan zu Münsingen, dessen Patronatsrecht auch den Bubenbergern zustand. Schliesslich wird er 1488 Chorherr am St. Vinzenzstift in Bern.

Der Brunnen

Da der Brunnen, der Wunderbrunnen von Einigen, eine sehr wichtige Rolle bei den Heilungen spielte, werde ich nachfolgend diesen Text aus dem Buch „Wunderbrunnen von Einigen" weitergeben. Im Frühsommer des Jahres 2011 wurde ich von einem Gartenbaufachmann darauf aufmerksam gemacht, dass in einem Garten in Einigen ein Brunnen gefunden wurde. Sofort konnte ich den Brunnen besichtigen, der bei Umbauarbeiten und Umgestaltung des besagten Gartens beim Entfernen eines Busches zum Vorschein kam. Es ist ein runder Sodbrunnen in einem sehr guten Zustand. Ist das der Brunnen, der Wunderbrunnen, der Brunnen im Paradies?

Sofort meldete ich diesen Fund dem Archäologischen Dienst des Kantons Bern, die eine Untersuchung machten. Im Jahrbuch 2013 ist unter der Rubrik „Fundberichte" folgender Bericht zu lesen: *„Bei einer Umgestaltung eines Gartens wurde ein Sodbrunnen entdeckt. Der trocken gemauerte Brunnen hat einen Durchmesser von 1,1m, eine Tiefe von rund 2m und liegt nur 12 m vom Thunersee entfernt. Er kann nicht datiert werden, bleibt aber in der Gartenanlage unverändert er-*

halten.“[7]

Viele Fragen sind nun offen und suchen nach einer Antwort. Und in diese Fragen versuche ich mit dieser Arbeit etwas Licht zu bringen. Ob nun dieser Brunnen jener ist, der in der „Strättliger Chronik“ erwähnt wird, werde ich nicht mit Sicherheit beantworten können. Jedoch besteht durchaus die Möglichkeit, dass dort, wo dieser Brunnen liegt, ein Vorgänger-Brunnen war, der mit dem Brunnen im Paradies in Verbindung gebracht werden könnte. Nun gibt es in Einigen die Kirche und den Brunnen. Die Kirche, das Gebäude, war seit der Erbauung immer sichtbar. Der Brunnen war sehr lange Zeit auch sichtbar und wurde rege benutzt. Was nun genau dazu führte dass der Brunnen austrocknete und unbenutzt in Vergessenheit gelangte, ist auch ein Teil dieser Schrift. Von zentraler Bedeutung jedoch ist die Tatsache, dass die Kirche und der Brunnen in Einigen noch sichtbar sind, wobei sich der Brunnen in einem privaten Garten befindet, der der Öffentlichkeit nicht zugänglich ist. So bitte ich den Leser dieses Buches, nicht nach dem Brunnen zu suchen. Um die Privatsphäre der Bewohner des Hauses und Besitzer des Gartens zu schützen, bitte ich, alles zu unterlassen, was stören könnte.

---

[7] Jahrbuch des Archäologischen Dienstes des Kantons Bern, 2013, Seite 52

Ich werde alles, was zu diesem Brunnen in Erfahrung zu bringen ist, in diesem Werk weitergeben. Freuen wir uns gemeinsam, dass der Brunnen heute noch da ist und dass ein weiterer wichtiger Teil der „Strättliger Chronik“ als Wahrheit eingestuft werden kann.

„in dem selben Garten des Paradies ein Brunnen were, der aufwiele oder ein wellender Brunnen were, der ouch gemacht als vischsammler und der usgang des brunnen ouch gienge in den vor genannten see (Wendelsee). (32) So ist im dritten Kapitel der Strättliger Chronik, *„Wie die Kilch im Paradies, die man nuo Zeiningen nempt, har ist kommen“, (30)* der Brunnen, bei der die Kirche gebaut werden soll, beschrieben. Es ist nicht leicht, die Geschichte des „St. Michaelbrunnens“ von Einigen auch nur zu skizzieren, schreibt Hans Gustav Keller im Buch „Einigen“. Seit Kiburger in der Strättliger Chronik vom Brunnen im Paradies geschrieben hatte, blieb er bis zum heutigen Tag ein Thema. Mit grösster Wahrscheinlichkeit war der Brunnen noch ein fester Bestandteil im Kilchhof zu Einigen, als Kiburger in der Mitte des 15. Jahrhunderts Pfarrer in Einigen war. Der Brunnen und die Kirche waren nahe beieinander und für alle sichtbar. Ich gehe davon aus, wenn von einem Brunnen gesprochen oder geschrieben wird, es sich um eine Wasserfassung handelt. Das

Wort Brunnen wurde auch für Wasserfälle gebraucht. So ist der Name des Dorfes Lauterbrunnen wahrscheinlich eine Ableitung von „viele Wasserfälle“, lauter Brunnen. In Einigen gab es keine Wasserfälle, jedoch einige Quellen. Ein Brunnen ist eine Anlage zur Gewinnung von Trinkwasser für Trink- oder Nutzzwecke. Das frühneuhochdeutsche Wort Brunnen bedeutet Quelle oder Quellwasser. Aber auch Wasser, Brunnen (Wasserfassung) oder Urin, Harn. Saurer Brunnen ist eine Heilquelle oder Mineralquelle. In der Strättliger Chronik werden jedoch mit dem Wort Brunnen oder Wasser auch die Christenmenschen genannt, somit müssen wir zwischen flüssigem und lebendigem Wasser unterscheiden.

Hans Gustav Keller hat bemerkenswerte Mitteilungen über die Wunderquelle zusammengetragen, welche ich hier ungekürzt weitergebe. *„Nach dem mittelalterlichen Kiburger, der die heilsame Quelle zuerst nennt, scheint erst bei Scheuchzer eine Nachricht aufzutauchen. In seiner Natur-Historie des Schweizerlandes (2. Auflage, 1752) erwähnt Johann Jacob Scheuchzer das Jucki-Brünnelein: Ein sehr kalter Brunn bey Thun, in welchem sich die Anwohner samt den Kleidern baden wieder allerhand Zustände. Hans Jakob Holzhalb teilt 1788 mit: Dieser Brunnen befinde sich eigentlich in einem Orte im Paradies ge-*

nannt, nahe bey den Dorfe Einigen, in der Freyherrschaft Spiez, ist aber seit dem die Kander in den Thunersee geleitet wurde, gänzlich ausgetrocknet. Andere Forscher nehmen an, dieses Juckibrünnlein habe sich in Einigen befunden und sei die Quelle, die Kiburger nennt.

In seinen handschriftlichen „Chronistischen Mèmories" aus dem Jahre 1842 schreibt Carl Howald unter einem dazugehörenden Aquarell: „Die Wunderquelle: Die Quelle des ehemaligen Wunder- oder St. Michaelsbrunnen . . .kann nicht mehr genau angegeben werden. In der nähe des Pfarrhauses quillt, hart am Seeufer, vortreffliches Wasser aus dem Boden herauf. Im Sommer ist dasselbe eiskalt, im Winter lau und überfriert niemals. Merkwürdig ist, dass, als wegen der Brückenbauten in Bern und Thun, in letzteren Orte, während des Winters im Jahr 1841, die Schleusen der Aare lange Zeit offen gestanden und die Seefläche so niedrig wurde, wie man dieselbe seit Menschengedenken nie gesehen hatte; dass damals, etwa 20 Schritte vom Ufer weg, auf dem Seegrunde, in gerader Richtung hinter dem Chor der Kirche, 14 kleine Quellen hervorsprudelten, in deren Nähe man steinerne Platten wahrnahm, die einst hier, wie für den Boden eines Wasserbehälters eingelegt worden waren." Zehn Jahre später hat Howald im 1. Jahrgang der „Schwalbe"

(1853) die Quelle nochmals beschrieben: „Die Quelle des ehemaligen Wunder- oder St. Michaelsbrunnen, von welchem die Einigen-Chronik merkwürdige Dinge erzählt, hat noch nicht versiegt und kommt in der Nähe des Pfarrhauses, hart am Seeufer, aus dem Boden hervor. Ein vortreffliches klares und reines Trinkwasser, welches nicht, wie dasjenige mancher Brunnen, wie Blei den Magen beschwert; es quillt nicht so hoch über dem Ufer heraus, dass es durch einen Deichel oder Röhre geleitet werden könnte. Eine hartsteinerne Einfassung, mit welcher die Quelle gegen den Abhang des Landes gewissermassen geschützt ist, verrät hohes Alter; bei erhöhtem Wasserstand des Sees verliert sich unter demselben die Spur der Quelle gänzlich. Als der Verfasser diesen Ort besuchte. war das Seewasser niedrig und so weit von seinem gewöhnlichen Ufer zurückgetreten, dass in einiger Entfernung davon auf dem Seegrunde einige hartsteinerne, aller Wahrscheinlichkeit nach von Menschenhand zubereitete Platten wahrgenommen werden konnten, an denen man jedoch weder Bildwerk noch Inschrift mehr bemerkte, sie mochten wohl seit manchen Jahrhunderten hier gelegen haben. ... Die Quelle ist von der Art, wie es in der Umgegend beider Seeufer mehrere gibt, deren Wasser im Sommer eiskalt und im Winter beinahe lau ist, so dass es nie

überfriert“.

Bei Albert Jahn (1857) ist zu lesen: „Ehemals war hier ein Überfluss an schönem Springbrunnen, auch das sogenannte Jucki-brünnlein, ...; allein seit Anlegung des Kanderkanals, im Jahr 1711, sind dieselben abgestanden“. Dagegen glaubt E. F. Gelpke (1862), die alte Wunderquelle zu kennen: „Nebenbei (d. h. neben der Kirche) sprudelt aber fort und fort die treffliche Quelle, die zwar nicht mehr Wunder verrichtet, wohl aber zur Sommerzeit mit ihrem kalten klaren Wasser wunderbar erfrischt“. Hermann Hartmann (1910) ist der Auffassung, die mittelalterliche Quelle, später Juckibrünnlein genannt, sei nach dem Kanderdurchstich 1714 versiegt. Aderer Ansicht ist E. A. Stückelberg (1925): „Das Mirakelbuch (Kiburgers Strättligen Chronik) nennt uns den Quell zirka 85 Meter hinter der Kirche. Wir haben ihn wiedergefunden und erforscht. Er ist wie der zu Saint-Maurice im Sommer kühl, im Winter lau, und friert nie ein. Ausgrabungen an dieser Stelle wären äusserst lohnend“. 1929 teilt W. Wellauer mit, der Gemeinderat von Spiez habe 1928 den Versuch gemacht, die wundertätige Quelle in Einigen, ungefähr 85 Meter hinter der Kirche, zu fassen und zu restaurieren. Eine chemische Analyse des Wassers der Quelle durch Dr. Hirschi, Geologe in Spiez, ergab „einen kleinen Radium-Emanationsgehalt, deutliche Chlorid- und Sulfat-

reaktion, ist aber geruch- und geschmacklos. Dieser Wert entspricht dem Gehalt, den gute Quellwasser haben". O. Weber meint (1929), bei der Einführung der Kander in den Thunersee 1711 bis 1714 seien die Steinschichten des Moränezuges ob Einigen durchschnitten worden, so dass deren Wasser einen neuen Abfluss erhalten haben dürfte. „Das versiegen der alten Michaelsquelle wäre so erklärlich". Die 1928 von Dr. Hirschi gefundene, ziemlich tief liegende Quelle von etwa 10 Minutenliter befinde sich etwa 30 Meter oberhalb der neuen Ländte. A. Heubach (1937) neigt einer ähnlichen Auffassung zu: „Das Einiger Gebiet zeichnet sich durch einen grossen Quellenreichtum aus, so dass die Wunderquelle wohl nicht mehr zu identifizieren ist und wir auf ihre Wirkung verzichten müssen". S. A. Gassner (1943) hält ein Versiegen des St. Michaelsbrunnen in Einigen nach dem Kanderdurchstich für ausgeschlossen und erblickt in der Quelle „ob der Ländte Einigen, östlich hart am Haus Häsler und südöstlich der Kirche" den alten Wunderbrunnen. A. Schätzle verdanke ich die folgende Auskunft (1943): „Der Michaelsbrunnen lag nach Kiburger (Baechtold S. 32) im Pfrundgarten. Es gibt nur eine Quelle, die damit übereinstimmen kann: sie liegt ca 30 Meter östlich des alten Pfarrhauses (Hans Häsler). Grossrat Häsler versuchte in den zwanziger Jahren die Quelle zu fassen, der Ver-

such misslang und der Austritt kam dadurch tiefer als das umliegende Gelände zu liegen, so dass der Abfluss kanalisiert werden musste. Es speist seit einigen Jahren einen kleinen Fischbehälter ... Über das Versagen einer Quelle in Einigen als Folge des Kanderdurchstichs ist urkundlich nichts bekannt.[8]

So weit zu den mehr oder weniger wissenschaftlichen Befunden zur Quelle, welche den St. Michaelsbrunnen zu Einigen mit Wasser versorgt haben könnte. Ob nun der Brunnen im Garten, nahe bei der Kirche in Einigen, genau der Brunnen ist, von dem Kiburger berichtet, kann nicht mit aller Garantie bestätigt werden. Es besteht jedoch durchaus die Möglichkeit, dass an genau diesem Ort in Einigen bei der Kirche der St. Michaelsbrunnen war. Warum der Brunnen versiegte, welchen Weg das Wasser nun geht, wird möglicherweise nie geklärt werden können. Von grosser Bedeutung jedoch ist die Tatsache, dass in Einigen bei der Kirche ein Brunnen war und heute noch ist, dem Wunder zugeschrieben wurden.

Da es sich beim Brunnen möglicherweise um einen Sodbrunnen handelt, ist ein Aufwallen nicht möglich.

---

[8] Hans Gustav Keller, Einigen, Druck und Verlagsanstalt Adolf Schaer, Thun 1946

Die Strättliger Chronik

Ist die Strättliger Chronik historisch wertlos, wie es Dr. Jakob Baechtold in der „Bibliothek älterer Schriftwerke“ kundtat, oder ist in diesem Schriftwerk doch Wahrheit zu finden? Er beginnt das Vorwort mit folgenden Worten: „*... indem ich unsre „Bibliothek älterer Schriftwerke“ mit einer der ältesten deutschen Chroniken aus der Schweiz eröffne, die freilich auf geschichtlichen Werth wenig Anspruch zu machen hat ...*“[9] Mit anderen Worten wird von einem Buch gesprochen, das historisch wertlos sein soll. Ein Buch, das ein fabulierfreudiger Pfarrer für seine Herrschaft geschrieben haben soll. Eine Aussage, die ich nicht bestätigen kann und will. Bei meinen Forschungen zur Chronik fand ich einen Text von Max Grütter (Thun), in dem er die Frage stellt, „Ist die Strättliger Chronik historisch wertlos?“. Ein Text aus dem Jahr 1928, erschienen in der Zeitschrift „Blätter für Bernische Geschichte Kunst und Altertumskunde“ Heft Nr. 2. Da ich diesen Text von Max Grütter als sehr wertvoll betrachte, werde ich diesen ungekürzt weitergeben.

Die Strättliger Chronik, das Werk Elogius Kiburgers, des einstigen Pfarrherrn von Einigen am

---

[9] Dr. Jakob Baechtold, Die Stretlinger Chronik, Verlag von J. Huber, Frauenfeld, 1877, S.5

Thunersee, stammt aus der Mitte des 15. Jahrhunderts. Von der Geschichtswissenschaft ist sie bisher gering geachtet worden. Sie gilt allgemein als ein historisch ganz wertloses Werk, dem jeder Anspruch auf Glaubwürdigkeit abgesprochen wird. Den Verfasser hält man für einen schlauen Fabulierer, einen ehr- und „habsüchtigen Priester“, der mit Hilfe dieser Schrift sein bescheidenes Kirchlein berühmt zu machen und seine Einkünfte besser zu gestalten suchte, eine Behauptung, die doch eigentlich erst zu beweisen wäre.

Dieser Auffassung aber widersprechen, wie mir scheint, sowohl der Inhalt der Chronik, wie die wenigen Nachrichten, die wir über das Leben Kiburgers besitzen. Vielmehr geht daraus hervor, dass es diesem Geistlichen am heiligen Eifer für Glauben und Kirche nie gefehlt hat. Mit nicht geringem Stolz wird in der Chronik er „schriber dis buch mit dem namen Elogius Kiburger“ für die Erhaltung des Kirchleins Einigen gesorgt hat: im Jahre 1446 liess er einen Teil des Kirchendaches neu decken, einen Taufstein erstellen und ein Sakramentshäuschen in die Mauer setzen[10]. Von

[10] Stretliger Chronik S. 326-329. Dass man diesen Angaben glauben darf, beweist der Visitationsbericht von 1453 (Abhandlung des historischen Vereins des Kantons Bern I.) Während dort z.B. in Scherzligen, Thierachern, Uttigen, Amsoldingen, Wimmis, Erlenbach u.a. Kirchen die Erstellung eines Sakramentshäuschens in der Mauer verlangt wird, fehlt diese Forderung für Einigen; hier muss sie schon bestanden haben.

Einigen kam Kiburger um 1456 als Leutpriester an die auch damals bedeutende Pfarrei Worb, wo er seit 1478 gleichzeitig die Stelle eines Kamerers und Kaplans von Münsingen inne hatte. Auf seine Veranlassung wurde in Worb das Jahrzeitenbuch neu geschrieben. Als Kaplan von Münsingen klagte er gegen den dortigen Leutpriester, dass dieser eine Jahrzeit von 10 Pfund und Bücher, die der Kirche vergabt worden, für sich behalten habe und ihm, dem Kaplan, Wein und Hostien zur Messe nicht herausgebe. Eine spätere Gegenklage des Leutpriesters hatte wenig Erfolg und wurde zugunsten Kiburgers entschieden. Als man, wohl als Folge dieser Streitigkeiten, Kiburger von der Kaplanei Münsingen zu verdrängen suchte, beschloss der Rat, Kiburger sei in seinen Rechten zu belassen und möge das Amt selbst versehen oder einen Stellvertreter ernennen. Als er 1480 gegen einige Männer von Vechigen wegen gewisser Güter Klage führte, hatte er auch hier das Recht auf seiner Seite: die Abgaben der Güter sollten künftig nach Worb entrichtet werden. Wir sehen: stets war Kiburger bemüht, für die Kirchen, denen er vorstand, zu sorgen und ihnen ihre Rechte zu erhalten. Dieser Eifer vor allem trug ihm wohl auch die höhere Würde ein, zu der er in der Folgezeit gelangte. Noch als Kirchherr zu Worb erhielt er 1488 eine Chorherrenstellung am Münster in

Bern. Später siedelte der „honorabilis vir dominos Eloyus Kiburger, ecclesie collegiate Bernensis cononicus“ ganz nach Bern über. Dort starb er 1506, nach mehr als 60 Jahren Kirchendienst.

Aus welchem Grunde nun schrieb Kiburger seine Strättliger Chronik? Die bisherige Auffassung meint: „Die Tendenz der Schrift liegt, wenn der Verfasser sie nicht auch im letzten Kapitel aussprechen würde, auf jeder Seite offen am Tage: er will das im Ansehen gesunkene Kirchlein Einigen durch Konstruierung einer möglichst glänzenden Vergangenheit erhöhen, wodurch dann nebenbei der wohl ärmlichen Besoldung aufgeholfen werden kann.

Wenn Kiburger, der (S.38) die Pflichten des Pfarrherrn nicht verschweigt und ausdrücklich bemerkt „dass ein jeglicher kilchherr die kilchen im Paradies, so si des notdürftig ist, sol teken in sinem kosten“, gelegentlich und besonders im letzten Kapitel von den rechten spricht, so tut er auch hier nichts weiter als seine Pflicht. Er besorgt, was die bischöflichen Visitatoren vom Jahre 1453 in zahlreichen Kirchen und auch in Einigen verlangt hatten: die Ueberprüfung und Aufzeichnung aller Einkünfte und Rechte des Gotteshauses. Nicht um seine Besoldung geht es ihm, sondern um das Wohl der Kirche! Übrigens verliess er ja 1456 Einigen und zog nach Worb. Seine Chronik aber hat er nicht vor 1464 „abgefasst oder ins Reine geschrieben“. Wäre er auch nur halb so eigennützig gewesen, wie man gerne wahr haben möchte, dann hätte er sich vermutlich wenigstens die mühselige Arbeit der Reinschrift erspart, denn als Pfarrer von Worb hatte er von den Einiger Einkünften doch wohl kaum mehr etwas zu erwarten.

Habsucht hat man diesem Priester vorgeworfen; doch die Stellen, in denen er selber seine Schrift rechtfertigt, wurden dabei – wohl aus Misstrauen gegen das „Machtwerk eines Klerikers“ – ganz einfach übergangen. Er aber schreibt: „...und han das darum getan, dass der edel wolgeborn und lang harkomend stamm von Bubenberg hie in dieser schrift, so vorhar geschriben ist, mügend merken und gesechen, wie ir vordern sich gehalten habent in denen herschaften, so si aber nu zu unsern ziten inne habend undbesitzend.“ Und weiter: Ich han es ouch darumb getan, dass die grossen zeichen und wunder, so an dem selben end geschechen sind, an den tag komend...“ (S.172). Wir aber haben keinen Grund, die Ehrlichkeit dieser Äusserungen zu bezweifeln. Kiburger ist ein Mensch des Mittelalters, und während er an seiner Chronik schrieb, wuchsen in der Stadt Bern die Mauern des Münsters auf und gen Himmel.

Auch in ihm ist der heilige Eifer lebendig; er ist überzeugt, dass „der allmechtig Gott noch hüt bi tag die kilchen zu dem Paradies oder zu Einigen in künftigen ziten gross machen und sin wunder und zeichen daselbs erzeigen" kann (S. 173). Und in diesem Glauben schrieb er sein Buch.

Kiburger hat die Chronik nicht frei erfunden. Seine „Freibeutereien" und Anlehnungen an bekannte Legendensammlungen des Mittelalters hat man ihm für einzelne Abschnitte nachgewiesen. Er selber nennt öfters Jahrzeitbücher, vor allem und mit Nachdruck aber ein lateinisches Buch, aus dem er übersetzte. Doch hier schüttelt man den Kopf und will ihm nicht mehr glauben. Da ein solches Buch heute nicht bekannt ist, nimmt man ganz einfach an, dass auch Kiburger keines besessen habe und hält es für eine schlaue Erfindung des Chronisten, die seinem Werk „den Stempel einer grösseren und ehrwürdigen Tradition aufdrücken soll".

Nun hat aber Kiburger seine Chronik nicht für die misstrauischen Historiker des 19. Jahrhunderts, sondern für seine eigenen Zeitgenossen geschrieben. An sie richten sich die Aufforderungen wie: „der das begert ze wüssen, der frage die, so denn latein kennet, die gebend im denn wol underwisung durch das vor genant latinsch buch" (S. 79). Oder: „Der des beger zu wüssen, derr gang uf den ursprung des latinschn buches; da fint er das luter und ist ietz hie nit not zu schreiben" (S. 115). Oder: „wie man si ouch an dem selben end solt enpfachen, ... das enpfil ich nu zemal den latinschen, dir das luter und clar und wol geordnet findet in dem orienal und latinschen buch, darab ich diss geschriben hab" (S.88). Derartige, in ein und demselben Kapitel oft mehrfach wiederholte Hinweise auf eine bloss vorgetäuschte Quelle hätte der Verfasser doch wohl kaum auszusprechen gewagt. Denn er musste immerhin gewärtigen, dass irgendwer seiner Aufforderung zur Einsicht in die Vorlage nachkommen würde.

Kiburger ist vielleicht sogar gründlicher als einige seiner Kritiker, die sich ihre Urteile über sein Werk gegenseitig abgeschrieben zu haben scheinen. Ausdrücklich bemerkt er, wenn er über seine Quelle hinausgeht, oder wenn ihm diese nicht vollständig Auskunft gibt. So nennt er gegen Schluss hin einen Rudolf von Salvenswil als Herrn zu Strättligen. Einfach und sachlich bemerkt er dazu: „Wie sich der hab gehalten, wol oder übel, das find ich nit in schrift..." (S.164).Und die Nachricht, dass Rudolf von Habsburg dem Städtchen Spiez ein Marktrecht verliehen habe, leitet er mit folgenden Worten ein: „Hie sag ich schriber dis buchs ein inred, uswendig des buchs, das in dem latnschen nit geschriben ist..." (S. 152, vergl.

Auch SS. 38, 104, 117, 161). Dennoch hat man ihm das Vorhandensein eines solchen Buches nicht geglaubt, ebenso, wie man das Bestehen jenes Brunnes, von dem Kiburger erzählt, dass der Gläubige darin „gesundheit des libes und der sele" (S.32) fand, in Zweifel zog. Dieser Wunderbrunnen aber ist inzwischen wiedergefunden worden.

Dass es die Strättliger Chronik mit Daten und geschichtlichen Tatsachen nicht gar zu genau nimmt – es dürfte freilich auch hier manches nicht so schief stehen, wie man bisher angenommen hat – dies ist noch kein Grund, um ihr jeden historischen Wert abzusprechen. Für den mittelalterlichen Chronisten galten eben andere Massstäbe, als für den Historiker von heute. Man schrieb im Mittelalter Geschichte nicht so sehr um zu wissen wie es gewesen, als vielmehr um von der Vergangenheit erbaut und erhoben zu sein. Für blosse politische Tatsachen und Ereignisse hatte man deshalb wenig Interesse, sie spielten eine untergeordnete Rolle und im Vordergrunde stand die Geschichte des Glaubens und der christlichen Kirche.

Diese Art der Geschichtsauffassung spricht denn auch aus jedem Kapitel unserer Chronik; sie ist der Grund, wesshalb aus der Geschichte des Hau-

ses Strättligen vor allem eine Geschichte des Kirchleins von Einigen und der dort geschehenen Wunder geworden ist. Den Herren von Strättligen wird nur insoweit Bedeutung zuerkannt, als sie auch für die Kirche irgendwie von Bedeutung waren. Von Kriegsdaten erfahren wir nichts. Aber wir hören, wenn einer von ihnen das Kreuz nahm und zum heiligen Grabe und nach Jerusalem fuhr; wenn einer nach Rom zog, um sich dem Papste die alten Rechte des Kirchleins bestätigen zu lassen oder neu zu erwirken; endlich, wenn sie selbst der Kirche Zuwendungen und Vergabungen machten. Unter den zahlreichen Strättligern, die uns die Chronik mit Namen nennt, erscheint seltsamerweise auch König Rudolf II. von Hochburgund. Er gehört zu den wenigen, die bisher auch sonst historisch fassbar sind. Aus der Geschichte wissen wir von Kriegen, von Gebietserweiterungen und Zügen nach Italien. Die Strättliger Chronik aber sagt auch von ihm kaum mehr, als dass er in der Gegend des Thunersees zwölf Kirchen erbauen liess. Da sonst keine Urkunden diesen Gründungsbericht bestätigen, hat man ihm bisher wenig Glauben geschenkt. Immer deutlicher zeigt es sich jedoch, dass er auf blosser Erfindung nicht beruhen kann.

Dazwischen aber liest man immer wieder von den zahlreichen Heilungen und Wundern, die sich in Einigen zugetragen haben. Die Berichte mögen aus den alten Wunderprotokollen stammen, die, wie dies an solchen Wallfahrtsorten schon seit den ersten christlichen Jahrhunderten üblich war, wohl auch in Einigen geführt und aufbewahrt worden sind. Dass sie in der Chronik Aufnahme gefunden haben, beweist die mittelalterlich-kirchliche Gesinnung des Schreibers, für den eben der bescheidene Helfer am Bau des Glaubens und einfache Wunder wichtiger waren, als Sieger in Schlachten und politische Grosstaten.

Diese Art der Auffassung zeigt sich aber auch im einzelnen; dafür hier zwei Beispiele:

Das Mittelalter hat seit Augustin seine ganz bestimmten, feststehenden Vorstellungen vom Wesen das wahrhaft christlichen Herrschers und seiner Regierung. Schon in der äusseren Erscheinung erkennt man ihn: er ist gross, wohl gewachsen, schön und von erhabenem Anblick. Von ihm erwartet man Barmherzigkeit und Freigebigkeit gegen die Armen, eine gerechte, friedliche Regierung und vor allem Schutz und Pflege des Glaubens und der Kirche. Unter ihm herrscht eine Zeit des Segens mit Wohlstand und reichen Ernten.

Genau mit diesen Augen hat auch unser Chronist seien Helden gesehen. So erzählt er (Kap. VII) von einem Konrad von Strättligen: „Der war

„ein grosser, gerader mann von lib und person. Er was ouch ein gnadricher, grussamer mann; wer in angesach, er gewann ein liebe zu im". Er „volgete nach sinen vordern in allem dem, das erlich undredlich ist wolgebornen lüten...". Er unternahm eine Pilgerfahrt zum heiligen Grab und zur Grabstätte der hl. Katharina und brachte von dort für dir Kirche Reliquien mit. Dann zog er nach Rom, liess sich vom Papst die Freiheiten des Kirchleins bestätigen und hat auch sonst viel „zueiner merung und bessrung der kilchen und kilchherrn des Paradies" getan. Unter seiner Regierung geschahen denn auch in Einigen zwei Wunder: ein blider Knabe wurde sehend und ein ertrunkenes Mädchen bestand wieder zum Leben.

Dem „rex justus" stellt aber das Mittelalter ebenso scharf gezeichnet den unfrommen Herrscher, den „rex iniquus" gegenüber. Dieser ist ein Werkzeug des Teufels, ein Verächter der Kirche und tritt häufig als Verführer und Verderber seiner Untertanen auf. Zum Schein tut er oft fromm und freigebig; aber unverkennbar ist er an den Folgen seiner Regierung. Unfriede, Mord unter nächsten Verwandten, plötzlicher Tod hochstehender Personen, Seuchen, Unglücksfälle und Hungersnöte stellen sich ein, und sie treffen nicht bloss ihn, sondern auch seine Söhne und Nachkommen.

Diesen gottlosen Herrscher erkennt unser Chronist in Heinrich von Loubegg (Kap. XI): der selb…was gar und ganz einkind oder ein sun dieser welt, dass er geistlicher christlicher sachen wenig achtet." Er suchte die Freundschaft der Leute zu gewinnen, lud sie an der Kirchweih ein zu Tanz und Spiel „…essen und trinken und mengerlei sünden… Davon aber gross krieg, nid und hass und wiederwertgkeiten uferstundet … und kam darzu, dass bruder wider bruder was und der sun eider sinen vater, und kam vil zites darzu, dass si einandern totent." Die Kirchenfeste von Einigen kamen dadurch in Verruf, die Pilgerfahrten hörten auf, die Priester hatten kaum mehr ihr Auskommen und es geschehen keinen Wunder mehr. „Und darumb sind vil herren von Stretlingen und kilchherren und ander ir undertanen daselbs darnach, sit si den gottsdienst also hand lassen zergan, eines schnellen todes gestorben und zergangen, essi von pestilenz oder sust, und ouch etlich ertrunken…". Die Gegend endlich, die „man vormals hat genemmt zu dem Paradies von der fruchtbarkeit wegen aller früchten und guten wassern" wurde nun „von allen umbässen genempt zu Einigen und darump, dass das selb end ist einig und wüesr worde…"

Überzeugender, als es in diesem Buche geschieht, hätte der Chronist für die Menschen sei-

ner Zeit den Niedergang Einigens nicht berichten können.

Die mittelalterliche Welt- und Geschichtsauffassung tritt uns in dieser Chronik auf jeder Seite entgegen: angefangen bei der heute als sinnlose Konstruktion erscheinenden Genealogie, die das Geschlecht der Strättliger auf eine römischen, durch ein Wunder zum Christentum bekehrten König zurückführt, bis zur Einteilung der ganzen Schrift in zwölf Kapitel, der ohne Zweifel symbolische Bedeutung zukommt. Doch mögen diese wenigen Andeutungen genügen um zu zeigen, dass in der Strättliger Chronik vor allem ein geistesgeschichtliches Dokument vorliegt, das uns auf wenigen Seiten einen wesentlichen Einblick in die Gedanken- und Vorstellungswelt des Mittelalters gewährt. Als solches bleibt sie wertvoll, auch wenn die darin enthaltenen „historischen Tatsachen" heute nicht mehr voll geglaubt werden können. Für das Mittelalter aber waren auch sie Wahrheit, und Kiburger hat diese Geschichten übernommen, so wie sie ihm die Überlieferung darbot. "Man muss der Wahrhaftigkeit der Väter mehr glauben, als der falschen Nichtsnutzigkeit von heute" sagt der St. Galler Mönch Notker Balbulus in seien „Geschichten von Karl dem Grossen". In dieser Überzeugung hat auch Kiburger sein Werk geschrieben.

Entstanden ist die Chronik wenige Jahrzehnte vor der grossen religiösen Umwälzung. Liegt es da nicht nahe, anzunehmen, dass Kiburger, der als Priester stets die alten Rechte seiner Gotteshäuser verteidigte und die sinkende Autorität der Kirche zu wahren suchte, auch mit diesem Buche gegen die beginnende Auflösung kämpfte? Denn er hat es geschrieben, damit „der edel wohgeborn und lang harkommend stamm von Bubenberg ... mügend merken und gesechen, wie ir vordern sich gehalten habend..." und darum „ dass die grossen zeichen und wunder ... an den tag komend". Nicht nur um seiner Besoldung aufzuhelfen hat er es getan, auch nicht bloss um das im Ansehen gesunkenen Kirchlein zu erhöhen, sondern er wollte den Schutzherrn seiner Kirche den Weg weisen, den ein wahrhaft christlicher Regent nach dem Willen Gottes zu gehen hat; er rief die Taten und Wunder der alten Heiligen auf gegen die neue Zeit. Für ihn galt es, aus der Vergangenheit Gegenwart und Zukunft zu bestimmen.[11]

So weit einige Worte über die umstrittene Chronik. Obschon Max Grütter als Verfasser der Strättliger Chronik Elogius Kiburger nennt, gehe ich

[11] Grütter Max, Ist die Strättliger Chronik historisch wertlos?, Blätter für bernische Geschichte, Kunst und Altertumskunde, Band 24, 1928, Seiten 107-115

davon aus, dass diese Aussage ein Irrtum ist. Kiburger hat die Chronik nicht verfasst, sondern abgeschrieben, wie er es an vielen Stellen mit seinen Worten nennt. Die Strättliger Chronik ist ein lateinisches Buch, welches Kiburger in die damals geschriebene Sprache übersetzte.

Grütter stellt die Frage, ob die Strättliger Chronik historisch wertlos sei, geht jedoch nur auf die historischen Fragen ein. Die wahre Aussage blieb somit Bäechthold, der die Chronik als wertlos bezeichnete, und Grütter verschlossen. Die Frage, welch grossartige Botschaft das Schriftwerk in sich trägt, wurde noch nie erkannt. Das Buch will von der Allmacht Gottes erzählen, von Wunderheilungen und der ersten grossen Christianisierung. Von Christenmenschen die sich versammelten, um Gott die Ehre zu erweisen und für seine Gnade zu danken. Kiburger wollte, dass dieses glaubensspendende lateinische Buch nicht in Vergessenheit gerät, und übersetzte es in die frühneuhochdeutsche Sprache. Ein Buch zur Ehre Gottes.

Die Strättliger Chronik im Kontext mit dem Prümer Urbar

„Mann findet also geschrieben und liest in den alten Chroniken ...“, mit diesen Worten beginnt die Strättliger Chronik. Elogius Kiburger hat abgeschrieben! Abschreiben war im Mittelalter ein ganz normaler Vorgang. Somit können wir dem Chronisten dankbar sein, dass er diesen Text vor dem Vergessen bewahrte. Ein lateinischer Text wurde in die frühneuhochdeutsche Sprache übersetzt und so bis zum heutigen Tag erhalten. Der Urtext war möglicherweise schon in einem schlechten Zustand und Kiburger machte es sich, vielleicht auch im Auftrag von Bubenberg, zur Aufgabe, die Geschichte der Kirche Einigen für seine Generation zu erhalten. Er schrieb für sich und die wenigen Leute, die lesen konnten, ein handgeschriebenes Exemplar, welches bis zum heutigen Tag erhalten blieb.

Das Original ist längst verloren. Wann und von wem es geschrieben wurde, wird für immer ein Geheimnis bleiben. Möglicherweise war es auch eine Abschrift aus verschiedenen Werken und einzelnen Blättern, welche um die Jahrhundertwende oder später in einem Buch in lateinischer Sprache zusammengefasst wurden. Jenes Buch, welches dem Pfarrer von Einigen in die Hände kam, begann er abzuschreiben, in gut lesbarer, sorgfältiger und sauberer Schrift. Dieses Buch erfreut noch heute den Leser. Die oder der Verfasser der Urschrift haben nur das niedergeschrieben, was sie gesehen, erlebt oder gehört hatten. Sie trugen dazu bei, Erlebnisse und Begebenheiten vor dem Vergessen zu bewahren. So wurde auch immer erwähnt, wenn jemand der Kirche Einigen ein Stück Land schenkte, was stets im Jahrzeitenbuch genannt wird.

Die Strättliger Chronik wurde nicht von einem fabulierfreundlichen Priester geschrieben, sondern von einem Pfarrherrn abgeschrieben, der dafür sorgte, dass die alten Schriften durch Abschrift vor der Zerstörung bewahrt bleiben. Nur so war es möglich, dass der Text der Chronik bis zum heutigen Tag gut erhalten seine Geschichte erzählen kann. Eine Geschichte, die sich mit sehr grosser Wahrscheinlichkeit so zugetragen hatte. Dass Elogius Kiburger ein Buch übersetzt und abgeschrieben hatte, bezeugt er immer wieder in seinem Werk, welches er die Strättliger Chronik nannte. Vierzigmal wird auf das lateinische Buch hingewiesen, so nennt er die alten Chroniken der Römer, wo er auch darauf hinweist, dass er es abgeschrieben hatte. Zweimal schreibt er „man liest im lateinischen Buch“ und dreizehn Mal nennt er es als lateinisches Buch. Er nennt sich dreimal als Schreiber dieses Buches und fünfmal, dass er aus einem lateinischen Buch abgeschrieben habe. Einmal schreibt er von lateinischen Schriften und dreimal „es steht geschrieben". Im Weiteren nennt er „Ursprung des lateinischen Buches" aber auch „lateinisches Buch, ab dem das geschrieben ist" und zweimal finden wir die Bemerkung, „man liest". Einmal schreibt er, dass der folgende Text von ihm sei und nicht aus dem lateinischen Buch. Weiter finden wir: „das Abschriftenbuch, das in lateinisch geschrieben ist" und auf der letzten Seite der Chronik: „Ich habe dieses lateinische Buch zu Deutsch gesetzt". Er beginnt und beendet die Strättliger Chronik mit der Aussage, dass es sich um ein abgeschriebenes Buch handelt. Er nennt sich nie als Verfasser oder Autor, sondern immer als Übersetzter, von Lateinisch ins Deutsche und als Abschreiber.

Zur gleichen Zeit, um die Jahre 880 bis 1400 hatte sich in der Eifel ähnliches abgespielt. Ein Dokument, welches sehr gut erforscht ist, wird von Dr. Ulrich Helbach mit folgenden Worten beschrieben: *Vor 1100 Jahren im Jahre 893, entstand ein Güterverzeichnis, das heute zu den wichtigsten historischen Quellen über die sozialen, wirtschaftlichen sowie allgemein landesgeschichtlichen Zustände im mittelalterlichen Rheinland und insbesondere auch im Kreis Ahrweiler gehört: das Urbar der Reichsabtei Prüm, kurz „Prümer Urbar" genannt.*

Das Original ist längst verloren, eine Abschrift des Prümer Abtes Caesarius aus dem Jahre 1222 aber verdanken wir die Überlieferung seines Inhalts. In gut lesbarer sorgfältiger Schrift hat dieser das damals schon über 300 Jahre alte Stück abgeschrieben und zum Teil mit Kommentaren versehen.[12]

Im Jahr 893 entstand das Prümer Urbar, welches 1222 von Caesarius von Mylendonk abgeschrieben und kommentiert wurde. Im 14. Jahrhundert wurde eine Abschrift der Kopie von 1222 hergestellt. Weitere Abschriften, aus welchen Motiven auch immer, entstanden 1717, danach um 1750, 1860, 1928 und 1983. Auch die Strättliger Chronik wurde mehrmals abgeschrieben. Als Abfassungszeit aus der Urschrift ist die Mitte des 15. Jahrhunderts anzusetzen. 1456 verliess Kiburger Einigen, nicht aber den Dienst des Hauses Bubenberg, dem zu Ehren das Werk möglicherweise abgeschrieben wurde. Die Bubenbergs hatten auch das Patronat von Worb. Möglicherweise hatte er sein Werk noch in Einigen vollendet. Dass er den Tod Heinrichs von Bubenberg meldet, deutet darauf hin, dass die uns erhaltene Originalhand-

[12] https://www.kreis-aheweiler.de7kvar7VT/hjb1993/hjb1993.17.htm 03.10.2019

schrift erst nach 1464 ins Reine umgeschrieben wurde. Aus dem Umstand, dass der Feiertag Mariä Opferung noch fehlt, darf der Schluss gezogen werden, dass die Chronik vor 1466 verfasst wurde.

Es ist nur eine einzige vollständige Handschrift der Strättliger Chronik bekannt, die sich im Staatsarchiv in Bern befindet. *Nach dem Original wurde gegen Ende des 16. Jahrhunderts ein Auszug angefertigt, von dem mehrfach Copien genommen wurden. Dieses Excerpt heisst: „Summarische Verzeichniss der Stiftung der kilchen des Paradieses des Ertzengels Sankt Michaels, jetzt Einigen genannt, auch von Ankunft der Herrschaft Strättligen beider Berner gebiets in der Eidgenoschaft. 10 BII. In Fol. Am Schluss: „Summarischer wys uszogen durch mich Hans Rudolf Rebman, diener der kilchen zu Thun. 2. Sept. 1596.“ (Im Besitz des Herrm F.E. von Mülinen in Bern.)*

J. Rudolf Rebmann; seit 1589 Pfarrer in Kirchlindach, 1592 Pfarrer in Thun, 1604 in Muri bei Bern, gestorben 1605, ist der auch sonst bekannte Dichter des poetischen Gastmahls und Gesprächs zweier Bergen, des Niesen und Stockhorns (Bern 1606). (...) Copien von Rebmanns Auszug der Strättliger Chronik wurden gemacht: 1) Durch Jakob Bart, Diener der Kirche zu Einigen, später zu Amsoldingen 1650 2) Von Abraham Mühlimat-

ter von Einigen 1691,44 SS. In Fol. (Auf der Stadtbibliothek Bern Mss. hist. Helv.III,20.) 3) Samuel Müller, Diener des Wortes Gottes zu Einigen 1700. 4) Von Joseph Zuber, Pfarrer zu Spiez 1707. 23 BII. In 4. (Auf der Stadtbibliothek Bern Mss. hist. helv. I,59.) 5) Christian Uesch, Schulmeister auf Schwarzenegg 1721, und 6) durch G. Haller, 28 SS in 4 vom Jahr1763. (Im Besitze des Herrn von Mülinen.)[13]

Dieser Auszug wurde im Jahr 1853 auch in der einzigen Ausgabe der „Die Schwalbe, ein Berner Volksbuch" veröffentlicht. Die letzte bekannte Abschrift des Auszuges, welche, wie schon in der „Schwalbe" nun: „Das Kirchlein zu Einigen am Thunersee oder die Mutterkirche des Berner Oberlandes" heisst, ist in sehr schöner Handschrift in einem blauen Heft abgefasst. Am Schluss des Textes finden wir die Worte: „Derjenige, welcher diese Urkunde geschrieben hatt: nennt sich Karl Hirschi, geboren den ersten Januar 1888 in Einigen. Auf dem Umschlag befinden sich folgende Namen: Hans Rudolf Räbmann, Jakob Bart, J. Jakob Stalder, Bürgvogt, Abr. Mühlematter, Kilchmeier, Chr. Oesch, Schulmeister, Herr Fridrich Lutz, Pfarrherr zu Einigen, Anno 1713. Burkhard Schneider, als Bürgvogt. Vier dieser Namen, Stalder, Mühlematter, Lutz und Burkhard befinden

[13] Schwalbe

sich auf der ehemaligen Feuerglocke der Kirche Einigen mit der Jahreszahl 1713. Die Glocke wurde wegen eines Risses ausgetauscht und befindet sich seit dem Jahr 2019 im „Museum im Paradies" bei der Kirche Einigen.

Fragmente aus der Strättliger Chronik wurden immer wieder abgeschrieben, oft nicht aus der Chronik von Kiburger, sondern von Abschriften. Anbei werde ich vier Abschriften erwähnen. Zum einen ist es das Buch „Bern" aus der Reihe „Sagen der Schweiz", das Buch „Sagen aus dem Berner Oberland", so auch das Büchlein „Wunder am Wendelsee" und „Sagen von Spiez am Thunersee". Dabei wurde nur die Wundergeschichte abgeschrieben.

Das Prümer Urbar ist sehr gut erforscht, demgegenüber der Strättliger Chronik eine Überprüfung noch bevorsteht. Seit über zehn Jahren arbeite ich nun mit der Chronik und kam zu dem Schluss, dass in diesem Buch viel mehr Wahrheit zu finden ist, als bisher angenommen wurde. Diese Chronik ist die Grundlage einer neuen Geschichtsschreibung, mit der ich mich auch in den folgenden Jahren auseinandersetzen werde.

Die zwölf Thunerseekirchen

Bevor wir uns mit den Wunder Jesu und der Kirche im Paradies auseinandersetzen werden, wollen wir uns mit der Mutterkirche des Berner Oberlandes und den zwölf Thunerseekirchen befassen. Denn auch dazu gibt es eine Parallele zur Bibel. Im vierten Kapitel der Strättliger Chronik finden wir historische Fakten, welche Elogius Kiburger aus dem lateinischen Buch abgeschrieben hatte. Diesen Text werde ich nun auch abschreiben und in ins Gegenwartsdeutsch übersetzen:

In dem Jahr, als man zählte von der Geburt Christi neunhundert dreissig und drei Jahre (933), zu der Zeit war der heilige Vater, der Papst mit Namen Silvester – aber auch ein Herr zu Strättligen mit Namen Rudolf. Der hatte eine Frau mit Namen Berchtam. Diese Frau war von königlichem Geschlecht und auch geistlich, beide waren geübt in der Barmherzigkeit zu den armen Leuten. Aber auch in der Vollbringung Gottes Geboten und Satzungen der heiligen Kirche waren sie fleissig und ernst. Dem würdigen heiligen Heiligtum und ihren Hochzeitstag ehrten sie mit grossem Lob und Andacht. Alle Tage suchten sie Schutz in der Kirche des Paradieses, das heilige Amt der Messe und es wurde von ihnen vollbracht, da sie auch mit grosser Andacht dahinter stunden. Nun begab es sich, dass danach der genannte Rudolf von Strättligen zu einem König erwählt wurde. Die beiden gebaren eine Tochter, die sie Adelheid nannten. Als diese Tochter Adelheid sechzehn Jahre war, wurde sie einem König in Lamparten mit Namen Lotharius zur Frau gegeben. Der war ein Sohn des König Hugo, der ein reicher König in Lamparten war. Adelheid überlebte ihren Mann und ward nach seinem Tod an einen anderen Mann gegeben, dem edlen König Otto. Ihr wurde ein Sohn geboren, den sie Otto nannten. Dieser erwuchs zu einem Mann, der war so passend, dass er als Kaiser auserwählt wurde und sein Reich lange Zeit regierte. Dass noch weitere Söhne der Adelheid geboren wurden, entnahm er (Kiburger) den lateinischen Schriften. (S.64-65)

An dieser Stelle ist es angebracht, auf die historischen Fakten dieser Aussage der Chronik hinzuweisen. Hier ist Rudolf II., König im transjurassischen Burgund, gemeint, der Sohn Rudolf I.. Rudolf II. bestieg den Thron wahrscheinlich schon 911; im Jahr 920 oder 921 vermählte er sich zum zweiten Male mit der Tochter des Herzog Burkhard I. von Allemannien, Bertha, der auch in der burgundischen Sage berühmten Spinnerin. Ihre Tochter ist die schöne Adelheid, die sich gemäss Verlobungsurkunde von 938 mit Lothar, König von Italien und nach dessen Tod 951 mit dem

Kaiser Otto dem Grossen vermählte. Ihr Sohn ist Otto II.. Sie starb 999. Ihre Mutter Bertha ging nach Rudolfs Tode eine zweite unglückliche Ehe ein mit König Hugo von Italien (979), dem Vater ihres Schwiegersohnes Lothar. Nach diesen gesicherten historischen Quellen gehen wir zurück zur Chronik und zum Traum Rudolf II.

Danach las man, wie der König Rudolf im Schlaf in einem Traume etwas sah, das ihn in seinem Geiste verzückte. Er sah eine grosse Stadt mit einer grossen Mauer. Dieselbe hatte zwölf Pforten (Öffnungen, Tor Stadttor, auch Torturm), auf welchen je ein Engel war, der das Tor hüten musste. In dem Augenblick erwachte er und wusste nicht, was dies bedeuten solle. Er liess den Traum von vielen deuten und erforschen und fragte, was er bedeute oder bezeichne. Aber er konnte niemanden finden, der ihm das könnte oder wollte sagen oder auslegen, ausgenommen einen Priester, der dies mit guten Rat tat und ihm sagte, dass er den Gottesdienst mehren solle, und er unterwies ihn, er solle unter der Zahl der Zwölf zwölf Kirchen bauen lassen, welche Töchter oder unter der Kirche des Paradieses sein sollen. Diese Kirchen sollen und möchten gleich sein der zwölf Sternen auf der Krone seiner Gemahlin. Sodass auch die Kirche des Paradieses davon geschmückt werde und dass diese auch den zwölf Brunnen gleiche, die da sind gewesen in der Wüste, sodass der erste Brunnen des Paradies, der noch klein ist, aufwallen und gross werden kann, dass viele Menschen lebendig werden, erquicken und ergrünen. Auch soll er die zwölf Kirchen des Paradieses untertänig machen und dieselbe Kirche im Paradies der zwölf Kirchen eine Mutter werden und dass auch einem Kirchherrn des Paradies die zwölf Kirchen untergebe zu regieren mit gemeinsamen Mithelfern. So soll auch demselben Kirchherrn das empfehlen zu tun als einen rechten Hirten, für seine Schafe da zu sein. Nun hatte der König Rudolf den Rat von weisen und gelehrten Leuten und es gefiel ihm, solches zu tun.

Danach begann König Rudolf zwölf Kirchen zu bauen und machte jeweils einen Kreis. Und dies sind die zwölf Kirchen; nämlich: Frutigen, Leissigen, Aeschi, Wimmis, Uttigen, Thierachern, Scherzligen, Thun, Hilterfingen, Sigriswil und Amsoldingen. Die letzt Genannte soll auch ein Stift sein mit einer bestimmten Anzahl Domherren. Aber auch zu dem Goldenen Hof (Spiez) liess der König ein Stift errichten, mit einer bestimmten Anzahl Domherren, an dessen Ende auch eine Burg und ein hoher Turm zuvor stand, das zu unseren Zeiten Spiez genannt wurde. (S. 65-66)

So weit zu den Worten, welche Kiburger im lateinischen Buch fand. Die Quelle für diesen Text finden wir in der Bibel, in der Offenbarung des Johannes 21,9-14.

„Und es kam einer von den sieben Engeln, die die sieben Schalen voll der sieben letzten Plagen (gehabt) hatten, und redete mit und sprach: Komm, ich will dir die Braut, das Weib des Lammes zeigen. Und er entrückte mich im Geist (Traum) auf einen grossen hohem Berg und zeigte mir die Heilige Stadt Jerusalem, wie sie von Gott her aus dem Himmel herab kam im Besitz der Herrlichkeit Gottes. Ihr leuchten ist gleich dem kostbarsten Edelstein, wie ein kristallheller Jaspis. Sie hat eine grosse hohe Mauer, sie hat zwölf Tore und auf den Toren zwölf Engel, und Namen sind angeschrieben, die die Namen der zwölf Stämme der Söhne Israels sind. Im Osten drei Tore, und im Norden drei Tore und im Süden drei Tore und im Westen drei Tore. Und die Mauer der Stadt hat zwölf Grundsteine und auf ihnen die zwölf Namen der zwölf Apostel des Lammes (...) (18-27). Und ihre Mauer ist aus Jaspis gebaut, und die Stadt ist reines Gold gleich reinem Glas. Die Grundsteine der Mauer der Stadt sind aus Edelsteinen jeder Art köstlich bereitet; der erste Grundstein ist ein Jaspis, der zweite ein Saphir, der dritte ein Chalzedon, der vierte ein Smaragd, der fünfte ein Sardonix, der sechste ein Karneol, der siebente ein Chrysolith, der achte ein Beryll,

der neunte ein Topas, der zehnte ein Chrysopras, der elfte ein Hyazinzh, der zwölfte ein Amethyst. Und die zwölf Tore waren zwölf Perlen; je eins der Tore bestand aus einer einzigen Perle. Und die Strasse der Stadt war reines Gold, wie durchsichtiges Glas. Und ein Tempel sah ich nicht in ihr; denn der Herr, der allmächtige Gott, ist ihr Tempel und das Lamm. Und die Stadt bedarf nicht der Sonne noch des Mondes, dass sie ihr scheinen; denn der Lichtglanz Gottes erleuchtet sie und ihre Leuchte ist das Lamm. (Offenbahrung.21,9-23)

So weit nun beide Texte, zum einen aus der Bibel und zum anderen aus der Strättliger Chronik. Der Verfasser des Urtextes des lateinischen Buches, war ein Kenner des Alten und Neuen Testamentes. Er nennt die zwölf Brunnen in der Wüste, die wir im zweiten Buch Mose, 15, 27 finden:

Und sie kamen nach Elim; da waren zwölf Wasserquellen und siebzig Palmbäume. Und sie lagerten sich dort am Wasser. (2.Mose,15,27)

Er nennt dies als Gleichnis wie auch die gesamte Geschichte der zwölf Thunerseekirchen. So sind die Tore im Text der Offenbarung, je drei, in die vier Himmelsrichtungen angelegt. Wenn wir nun die Kirche Einigen als Mittelpunkt sehen, sie ist die Mutterkirche, so sind die Zwölf Kirchen auch in die vier Himmelsrichtungen erbaut worden.

Wimmis, Aeschi und Frutigen liegen südlich von Einigen, Spiez, Leissigen und Sigriswil östliche, Hilterfingen, Scherzligen und Thun nördlich und Thierachern, Amsoldingen und Uttigen westlich.

Die zwölf Tore in der Offenbarung werden als Perlen dargestellt, die zwölf Kirchen um die Mutterkirche sind die Perlen, welche das Christentum in alle vier Himmelsrichtungen tragen sollen. So ist auch das Gleichnis der zwölf Sterne auf der Krone der Königin zu deuten und der genannte Brunnen, der aufwallen werde. Nicht der Brunnen, der Wunderbrunnen von Einigen, wird aufwallen, sondern das Christentum. Der Autor des lateinischen Buchs schrieb, dass es ein grosses Wasser werde, das viele Menschen lebendig mache und erquicke. Das Christentum soll sich mit den zwölf genannten und erbauten Kirchen von Einigen aus in alle vier Himmelsrichtungen ausbreiten und das Evangelium verkünden. Die irdische Kirche ist das Christentum, das irdische Reich Gottes ein irdisches Paradies. In der Strättliger Chronik wurde die Mutterkirche Einigen, der Ort, wo sie steht, zum Paradies ernannt.

Auf Seite 56 der Strättliger Chronik lesen wir einen der markantesten Sätze des Buches: „... *und dass der erste Brunnen des Paradieses, der noch klein ist, aufwallen und ein grosses Wasser werde, so dass viele Menschen zu Christen werden, er-*

quicken und ergrünen;“ Diese Worte haben eine gewaltige Aussagekraft und wurden bis zum heutigen Tag falsch ausgelegt. Es geht hier nicht um Wasser in flüssiger Form, um Trink oder Heilwasser, sondern um das Wasser des Lebens und des Glaubens. Der Brunnen, der hier genannt wird, ist nicht der Wunderbrunnen im Paradies oder ein Auffangbecken für Wasser, sondern die ersten Christen in der Region am Thunersee und des Berner Oberlandes sind gemeint. Der Brunnen, das Auffangbecken für gläubige Christen, war noch sehr klein. Doch mit jedem Menschen, der von Jesus und der Erlösung hörte, mit jedem, der die Botschaft verstand und sich dem Christentum zuwandte, wuchs die christliche Gemeinschaft und der kleine „Brunnen“, die wachsende Anzahl Christen, wuchs heran, was Kiburger mit dem Wort „Aufwallen“ interpretierte, wodurch er die Menschenmenge als ein grosses Wasser darstellte. Wasser geht seinen Weg, wie auch Menschen ihren Weg gehen. Beim Wasser sind es die Zuflüsse und der Regen, der sie anschwellen lässt, sodass die Wasser grösser und breiter werden. Da, wo das Wasser fliesst, wird das Land ergrünen und die Menschen werden erquickt. Da, wo das Evangelium verkündet wird, entstehen christliche Gemeinden, die den Wunsch haben, ein Gotteshaus zu bauen, damit der Glaube grünen kann und die Menschen erquickt werden. So ist es auch bei Menschen, die, wenn sie von etwas überzeugt sind, mitgehen, von der Überzeugung erzählen und so auch grösser und breiter werden. Über die Dorfgrenzen hinaus, in die Nachbardörfer, in die Berge und ins Flachland. Die von Christus überzeugte Menschenmasse wallte auf und schuf viele neue christliche Gemeinden. So sagte es der Priester, der als einziger den Traum Rudolfs deuten konnte. Noch bevor er von den zwölf Kirchen sprach, unterwies er ihn, dass er den Gottesdienst mehren solle.

Den Gottesdienst mehren war schon vor dem Bau der Kirche von zentraler Bedeutung. Wobei, wenn vom Bau der Kirche geschrieben wurde, nicht ein Sakralgebäude im Mittelpunkt stand, sondern die christliche Gemeinschaft. Wir lesen in der Strättliger Chronik ab Seite 24: „*In diesem Garten des Paradieses sei ein Brunnen, der aufwalle oder ein wallender Brunnen sei*“. An dieser Stelle ist nicht von Wasser die Rede, sondern von der Verbreitung des Christentums. „*… der auch gemacht war als ein Fischsammler, und der Ausgang des Brunnens gehe in den zuvor genannten See*“. Diese Metapher zeigt auf, dass sich hier Christen sammeln, wobei das Zeichen des Fisches, des Fischsammlers, als Symbol der Christen gedeutet werden kann und der Ausgang in den

See als Verbreitung des Christentums. Weiter lesen wir: „*Hier an diesem Ort des Paradieses findet man einen Schatz, der so gross ist, dass niemand ihn schätzen oder bezahlen mag, hier ist Ablass aller Sünden. Der Arme findet hier, wovon er leben kann; der Reiche findet hier, wovon er Liebe empfängt oder Lust und Freude. Der Gerechte findet hier Gnade; der vom Teufel Besessene findet hier, dass er befreit werde. Der kranke Mensch findet hier die Arznei für seine Gebrechen. Hier findet man auch Gesundheit des Leibes und der Seele, von der Bewegung des Brunnens, der durch mich bewegt werde, zu gleicher Weise wie der bewährte Fischteich vor alten Zeiten, wo Kranke durch die Hilfe und das Zutun der heiligen Engel gesund wurden und durch die Wirkung des heiligen Kreuzes, das vom Heiligen Land wird kommen. Ich habe auch gebeten, bei Gott, dass diese Gnade an dieser Stelle allen Pilgern und Menschen, die aus Andacht kommen, das soll bleiben, geschehen und werden, auch allen denen, die ihre Gaben geben zu erhöhen und zu mehren den Gottesdienst*“. Wir sehen in diesem Text, dass mit sehr grosser Bedeutung der Ablass der Sünden genannt wird. Aber auch dass der Arme und Reiche findet, was er bedarf. Und schon wird auf die Heilkraft Gottes hingewiesen, beginnend mit der Befreiung der vom Teufel Besessenen. Danach folgt die Krankenheilung für Gebrechen mit einem Hinweis auf die Gesundheit des Leibes und der Seele, bei der die Bewegung des Wassers genannt wird. Die Bewegung des Wassers, welche bei Johannes 5, beim Teich Bethesda, zur Genesung von Kranken verhalf. Als Hauptaussage jedoch sind die Worte *zu mehren den Gottesdienst* zu verstehen. Das Wort Gottes darf nicht im Brunnen liegen bleiben und der Fäulnis ausgesetzt sein. Die gute Botschaft Gottes muss aus dem Brunnen fliessen und sich überall ausbreiten. Der Ort der Paradies genannt wurde und noch heute so genannt wird, wurde erwählt, zum Brunnen, zur Mutter das Christentums im Berner Oberland und bis weit ins Flachland zu werden.

Und so ging von der Kirche im Paradies, der Kirche zu Einigen, die erste grosse Evangelisation aus. Mutterkirche des Berner Oberland wurde sie genannt. Von dieser Mutterkirche ging das Christentum wie ein grosses Wasser in die Täler, auf die Hügel und ins Flachland. Überall wurde die frohe Botschaft verkündet, christliche Hauskreise gegründet, später Gemeinden und Kirchen gebaut. Genauso wie es vom Verfasser der Urschrift geschrieben wurde, verbreitete sich das Christentum. So ist der Auftrag. zwölf Kirchen zu bauen, nicht im Sinn von einer Bautätigkeit zu verstehen, sondern von einer gross angelegten Evangelisation.

Somit wird Rudolf von Strättlingen, der gutmütige und demütige Herrscher, zum ersten Missionar in der Region am Thunersee. Durch seine persönlichen Erlebnisse fand er zum Glauben, war vom Wort der Bibel überzeugt und wollte die Botschaft seinen Untertanen und der Bevölkerung weitergeben. Dass in diesem Zusammenhang auch Kirchen nach dem Vorbild der Kirche im Paradies erbaut wurden, bezeugt, dass die Botschaft angekommen war, die Menschen den christlichen Glauben annahmen und dies mit dem Bau ihrer Gotteshäuser bezeugten.

Die Vaterunser-Scheibe in der Kirche Einigen

Nur wer genau hinschaut, kann im Fenster hinter dem Taufstein im Chor etwas sehen, was der kleinen Kirche die wahre Grösse verleiht. Das Gebet Jesu aus der Bergpredigt in acht kleinen, hochrechteckigen Scheibchen von 9 x 7,5 Zentimeter Grösse. Wobei Bild eins unten links eine Szene darstellt, wie Jesus zu den Jüngern und dem anwesenden Volk spricht.

Diese Vaterunser-Scheibe hatte ein Vorbild, so wie die Strättliger Chronik eine Vorlage, das lateinische Buch, hatte. Für die Vaterunser-Scheibe sind die Vorbilder bekannt. Obschon die Bilder von zwei Glasmalern stammen, lagen ihnen dieselben Vorlagen zu Grunde. Nämlich Metallschnitte des Meisters CV, die auf Zeichnungen von Hans Holbein des Jüngeren zurückgehen. Holbein hatte damit die Praedicato Dominica illustriert, eine Auslegung des Vaterunsers von Erasmus von Rotterdam, die 1524 in dieser bebilderten Ausgabe erschien. Das Kupferstichkabinett Basel besitzt Probeabzüge der Metallschnitte von Meister CV. (...) Dieses im Mittelalter geübte Malen nach Vorlagen ist mit dem Abschreiben eines Textes vergleichbar. Der Schreiber verrät seinen eigenen Stil nicht im Text, der bereits vorliegt, sondern in seiner Handschrift.[14] Wie die Strättliger Chronik ist auch die Vaterunser-Scheibe eine Abschrift resp. ein Abbild, nach einem Vorbild geschaffen. Beim Vaterunser in acht Bildern wurde es jedoch von der katholischen „Bildschrift" in die reformierte übersetzt. Acht Bilder zeigen das Gebet Jesu und sieben Glaubensgeschichten, beginnend mit dem Glasbild, welches Jesus bei der Bergpredigt darstellt. Folgend mit dem Text des Gebets in sieben Bildern:

„Vaterunser der du bist in dem Himmel, geheiligt werde dein Name."

Das Bild zeigt Gläubige in Anbetung Gottes. Gottvater in einem Wolkenkranz umgeben von Engeln, mit einer Weltkugel in den Händen. Vor ihm die Taube des Heiligen Geistes über dem Christus Monogramm. Davor kniend eine Schar von betenden Menschen unterschiedlichen Standes.

„Dein Reich komme."

Das Bild zeigt Maria inmitten der Apostel, die das Pfingstwunder erleben. Über ihnen im Strahlen-

---

[14] Verena Stähli-Lüthi, Die Vaterunser-Scheibe in der Kirche Einigen, S.6

kranz die Taube des Heiligen Geistes. Über jedem Haupt leuchtet ein Flämmchen des göttlichen Feuers.

„Dein Wille geschehe, auf Erden als im Himmel."

Wir sehen Jesus, der sein Kreuz trägt, dahinter eine Schar seiner Nachfolger, die ihr eigenes Kreuz tragen. Über den Wolken, begleitet von Engeln, Gottvater als Herrscher.

„Unser täglich Brot gib uns heute."

In einem grossen Kirchenraum wird die Hostie (das Abendmahl) ausgeteilt. Auf der Kanzel der Prediger, auf einer Bühne Christus mit den Jüngern beim Abendmahl, dahinter spätmittelalterliche Bürgerhäuser.

Und vergib uns unsere Schuld, wie auch wir vergeben unseren Schuldigern."

Jesus besucht einen Kerker mit gefesselten Gefangenen, die auf Geheiss Christi von einem Wärter befreit werden.

„Und führe uns nicht in Versuchung."

Auf dem Bild sind Hiobs Plagen zu sehen, der kranke Leib, das brennende Haus, seine Frau und Satan, der Raub der Kamele und in den Wolken Gottvater.

„Sondern erlöse uns vom Übel, Amen."

Jesus erscheint bei Kranken und Behinderten. Dieses achte Bild ist ein Zeugnis, dass Jesus Wunder vollbrachte. Wunder, die mit dem Kreuzestod nicht ein Ende fanden, sondern weiter wirkten und auch an dem Ort, an dem das Licht durch die Vaterunser Scheibe die Kirche erhellt und Wunder und Zeichen geschahen. Wunder, die bis zum heutigen Tag möglich sind.

Warum Hans Holbein im achten Bild Jesus mit Kranken und Gebrechlichen darstellt, ist mit grosser Wahrscheinlichkeit nicht auf die Heilungen zurückzuführen, welche in der Kirche Einigen vollbracht wurden. Aber es stellt das Wirken und die Kraft Gottes dar. Mittendrin Jesus, der Kranke heilt, als Darstellung in der Kirche, welcher Wunder und Zeichen zugeschrieben werden. Die kleine Glasscheibe wird somit zum Mittelpunkt des Gotteshauses und weist auf die Wunder in Kapernaum und Einigen hin.

Kapernaum und Einigen

Nun schauen wir uns zwei Ortschaften an, zwei Dörfer an einem See, die durch ihre Wunder und Zeichen bis zum heutigen Tag in Erinnerung geblieben sind. Zum einen ist dies Kapernaum am See Genezareth in Galiläa, zum anderen Einigen am Thunersee im Heiligen Römischen Reich Deutscher Nation (heute Schweiz). Kapernaum lag am Nordwestufer des Sees Genezareth, eine Stunde von der Mündung des Jordan, und war zur Zeit Jesu wohl die grösste Ortschaft am Ufer des Sees. Wegen der römischen Besatzung und des lebhaften Verkehrs hatte es eine Zollstelle, wie wir in Math. 5.5 lesen. Jesus weilte oft in Kapernaum und es wurde darum seine Stadt genannt (Math. 9.1). Es ist der einzige, Ort von dem in der Wirkungszeit Jesu gesagt wird, dass er da Wohnung nahm (Math. 4.13). Jesus hatte dort gelehrt und viele Heilwunder vollbracht. Grosse Dinge hatte Jesus in dieser Stadt getan, wie wir aus seinen eigenen Worten (Luk. 4.23) entnehmen können. In Kapernaum gab es eine Synagoge, in der Jesus den Besessenen (Mk. 1.21.ff) und den Mann mit der verdorrten Hand heilte (Luk. 6.6.ff). Da hielt er auch die grosse Rede vom Brot des Lebens (Joh. 6.59). Kapernaum war seine Stadt (Math. 9.1. und 4.13). Hier heilte er auch die Schwiegermutter des Petrus (Mk. 1.29) und den Gelähmten, der durchs Dach hinabgelassen wurde (Mk. 2.3). Auch der Hauptmann wohnte in dieser Stadt, dessen Knecht durch das Wort Jesu gesund wurde (Math. 8.5.ff), und auch der königliche Beamte, dessen Sohn er von dem 26 Kilometer entfernten Kana aus heilte (Joh. 4.46.ff). Die Tochter des Synagogenvorsteher Jairus weckte Jesus von den Toten auf (Mk. 5.22.ff). Hier in Kapernaum bewirtete Jesus den Zöllner Matthäus in seinem Hause (Math. 2.14,15.) und am Hafen der Stadt lief eine so grosse Menge zusammen, dass Jesus vom Boot aus zu ihnen redete, während das Volk am Ufer stand (Math. 13.2).[15] Der Ort ist heute nur noch ein Trümmerfeld mit Namen Tell Hum. Grosse schwarze Basaltquader liegen umher, teils einzeln, teils in Mauerresten. Den Ort, wo Jesus etwa zwei Jahre wohnte und wirkte, gibt es nicht mehr.

Den Ort am Thunersee jedoch gibt es noch und er zählt um die 1500 Einwohner. Das Kirchengebäude steht schon seit über 1000 Jahren an dem Flecken Erde, der Paradies genannt wurde und bis zum heutigen Tag so genannt wird. Mit einem kurzen Unterbruch hat das Gotteshaus seinen Dienst immer erfüllt. Einigen liegt am Thunersee, zwischen Spiez und Thun am linken Ufer und

[15] Fritz Reinecker, Lexikon zur Bibel

etwa eine Stunde vom Ausfluss der Aare in Thun. Im lateinischen Buch fand Elogius Kiburger all die Wunder und Zeichen, welche an dem Ort mit dem Brunnen geschehen sein sollen. Er weist auch auf das Jahrzeitenbuch hin, in dem nach erfolgten Heilungen die Landgeschenke eingetragen wurden. In Kapernaum wirkte Jesus als Mensch, er war persönlich anwesend, berührte, segnete und sah die Geheilten ihren Weg gehen. In Einigen wirkte alleine der Glaube an den allmächtigen Gott. Die Geheilten dankten Gott mit Almosen und Gaben an die Kirche.

Beide Orte haben noch eine weitere Gemeinsamkeit, beide wurden zerstört. In Matth. 11,20-24 lesen wir, dass Jesus sein Weh über die Stadt ausruft und diese Worte sind in Erfüllung gegangen. Auch Einigen wurde zerstört, weil sich im Jahr 1223 das Volk gegen Gott auflehnte. Der Kirchherr wurde ermordet, Bürger wurden umgebracht, Fischer ertränkt, Gott wurde ein Rächer genannt, die Reben wurden vernichtet, das Beinhaus und Häuser wurden zerstört und die Kirche abgebrannt. Die Plage dauerte sieben Jahre, viele Krankheiten und Kröpfe plagten die Menschen. Dazu kam auch noch die Pest, die viele dahinrafften. Einigen wurde wieder aufgebaut, Kapernaum blieb eine Ruinenstadt. Zwei Ortschaften, zwei Seen, zwei gesegnete Regionen, aus denen sich das Christentum verbreitete. Die Wunder und Zeichen sind nicht aus Einigen verschwunden, es wird nur nicht mehr darüber geredet und geschrieben. Gott ist noch heute überall da, wo er angerufen wird, nicht nur in der Kirche, sondern bei jedem, der an ihn glaubt und um seinen Segen bittet.

Die Wundertaten Jesu im Vergleich mit der Kirche Einigen

In der Strättliger Chronik lesen wir von 22 Wundern, wo Kranke gesund, Tote lebendig und Dämonen ausgetrieben wurden. Woher nahm der Verfasser des lateinischen Buches all diese Geschichten? Die Kirche Einigen war ein spezieller Ort, der dank des Wunderbrunnens schnell zu einem Wallfahrtsort wurde. Ob und wie viele Wunder und Heilungen wirklich bei der Kirche im Paradies geschehen sind, kann nicht mit Sicherheit bestätigt werden. Kiburger, der das Buch abgeschrieben hatte, nannte die Wunder „Zeichen", so werden auch die Wunder im Johannesevangelium genannt: „Die sieben Zeichen Jesu". Den Ursprung aller Wunder oder Zeichen finden wir im Neuen Testament in den vier Evangelien, so liegt die Möglichkeit sehr nahe, dass es sich bei all den Wundern, die sich in Einigen zugetragen haben sollen, um die Wunder Jesu aus der Bibel handelt, Wunder, die unmittelbar nach der Bergpredigt in Kapernaum ihren Anfang nahmen. In Matthäus 8 lesen wir, dass Jesus vom Berg hinabstieg und eine grosse Volksmenge mit ihm. Sie alle waren auf dem Weg in die Stadt, nachdem Jesus zu ihnen gesprochen hatte, eine Predigt die tief zu Herzen ging und als Bergpredigt in die Geschichte einging.

„Da er aber vom Berge herabging, folgte ihm viel Volks nach. Und siehe, ein Aussätziger kam und betete ihn an und sprach: Herr, so du willst, kannst du mich wohl reinigen. Und Jesus streckte seine Hand aus, rührte ihn an und sprach: Ich will's tun, sei gereinigt! Und alsbald ward er von seinem Aussatz rein. Und Jesus sprach zu ihm: Siehe zu sage es niemand, sondern gehe hin und zeige dich dem Priester und opfere die Gabe, die Mose befohlen hat, zu einem Zeugnis über sie“. *(Matth.8,1-4)*

Auch in der Strättliger Chronik ist die erste Heilung, die eines Aussätzigen. *„Nun liest man das für eine Wahrheit von ihm, dass bei den Wassern der Kander, welches nahe ist beim Schloss oder Burg Strättligen, zu einer Zeit, als das Wasser der Kander gross war, dass man nicht gehen möchte ins Wasser steigen, nur mit einem Pferd durchreiten. Und so wollte Sifried von Strättligen alleine mit seinem Pferd durch die Kander reiten. Dabei fand er einen Aussätzigen am Wasser sitzen, der sehr unrein und ausgemergelt war, wie er noch nie einen Aussätzigen gesehen hatte. Jener hatte auch noch einen gruseligen, grossen Ungeschmack und ein Stinken ging von diesem Aussät-*

zigen aus, dass man es kaum erleiden konnte. Dieser Aussätzige bat nun den Herrn Sifried von Strättligen in der Ehre St. Michaels, dass er ihn auf sein Pferd nehme und ihn durchs Wasser führe. Das jedoch wollte er nicht tun. Der Aussätzige aber liess nicht nach, bat ernstlich und sprach: Ach lieber Herr, ihr habt doch noch niemanden, noch nie einem Menschen Hilfe und Rat vorgehalten, der euch gebeten in der Ehre St. Michaels des Erzengels und nun wollen sie mir das versagen. Nach solcher fleissigem Bitten und Ermahnen, wurde der Herr von Strättligen demütig und stieg herab von seinem Pferd und nahm ihn in seinen Arm und setzte ihn auf sein Pferd und führte ihn durch das Wasser der Kander. Und als er ihn hinüber geführt hatte, setzte er ihn nieder. Da begann der Aussätzige an zu bitten, und das viel mehr als zuvor, dass er ihn möge Küssen durch St. Michaels willen. Der Herr wurde zornig und wollte dies nicht tun um kein Ding; da begann der Aussätzige an zu weinen und bat mit weinender Stimme, dass er ihn küsse in der Ehre St. Michaels. Nun höret, was geschah. Der Herr wurde bewegt zur Barmherzigkeit und stieg vom Pferd und küsste ihn. Als der Herr das getan hatte, da sprach der Aussätzige zu ihm: Du sollst wissen, dass du geküsst hast Jesus Christus, der da gesprochen hat im Evangelium: wer sich demütigt, der wird erhöht“ (S.15). Dabei handelte es sich nicht nur um eine Heilung, sondern um Gnade, um ein reines, weiches Herz eines Herrn von Strättlingen, der Jesus sah und ihn küssen durfte. Diese Geschichte finden wir auch bei Caesarius von Heisterbach im Dialogus Miraculorius 8. Kapitel 32: „Ein junger Bischof, der in Frankreich lebte, war von grosser Frömmigkeit. Er war von so grosser Güte, Barmherzigkeit und Demut, dass er, wenn er mit dem Pferd unterwegs war, keinen Aussätzigen, der ihm begegnete, ohne Almosen stehen liess. So geschah es, als er einmal an der Hauptstrasse entlang ritt, er einen Aussätzigen sah, der mit krächzender Stimme um Erbarmen bat. Sein Gesicht war vom Aussatz schrecklich zerfressen, dass man ihn nicht ohne Qual anschauen konnte. Der wünschte dass ihm der Eiter von einer Wunde abgewischt würde, die ihm an der Nase hing und furchtbar stank. Der Bischof versuchte es mit der Hand und mit einem weichen Stoff. Aber der Aussätzige ertrug das nicht und wünschte, dass er es mit seiner Zunge tue. So leckte der Bischof am stinkenden elefantenähnlichen Rüssel und sofort fiel aus der Nase des Aussätzigen eine kostbare Perle in den Mund des Bischofs. Und um zu zeigen, dass es Christus war, der zur Erprobung der Tugend des Bischofs sich als Aussätzigen ausgab, stieg er vor dessen Augen glorreich in den Himmel empor und versprach ihm, als er hinauffuhr, dass er einst Anteil an seiner Herrlichkeit erhalten würde.“

Bei der nächsten Heilung geht es um grosse Schmerzen eines gichtbrüchigen Knechtes.

„Da aber Jesus einging in Kapernaum, trat ein Hauptmann zu ihm, der bat ihn und sprach: Herr, mein Knecht liegt zu Hause und ist gichtbrüchig und hat grosse Qual. Jesus sprach zu ihm: Ich will kommen und ihn gesund machen. Der Hauptmann antwortete und sprach: Herr, ich bin nicht wert, dass du unter mein Dach gehst, sondern sprich nur ein Wort, so wird mein Knecht gesund. Denn ich bin ein Mensch, der Obrigkeit untertan, und habe unter mir Kriegsknechte; und wenn ich sage zu einem: Geh hin! So geht er; und zum anderen: Komm her! So kommt er; und zu meinem Knecht: Tu das! So tut er's. Da das Jesus hörte, verwunderte er sich und sprach zu denen, die ihm nachfolgten: Wahrlich ich sage euch, solchen Glauben habe ich in Israel nicht gefunden. Aber ich sage euch: Viele werden kommen vom Morgen und vom Abend und mit Abraham und Isaak und Jakob im Himmelreich sitzen, aber die Kinder des Reichs werden ausgestossen in die Finsternis hinaus; da wird sein Heulen und Zähneklappern. Und Jesus

sprach zu dem Hauptmann: Gehe hin, dir geschehe, wie du geglaubt hast. Und sein Knecht ward gesund zu derselben Stunde. (Matth. 8,5-13)

In der Strättliger Chronik finden wir zwei Heilungen von Gichtbrüchigen, zum einen wird Peter Schik aus Erlenbach durch das Wasser des heiligen Brunnens von seinen Knie- und Beinschmerzen geheilt, zum anderen eine Gertud aus Frutigen, die hatte gelähmte Beine und der Körper war gekrümmt. Nachdem sie ein lebendiges Opfer zur Kirche brachte, wurde sie geheilt. An dieser Stelle sehen wir, dass die Geheilten mit materiellen Dingen danken wollten, wie es auch Jesus sagte:

... und Opfere die Gabe, die Mose befohlen hat, zu einem Zeugnis über sie (Matth. 8.4).

Nun wenden wir uns weiteren Heilungen zu, welche von dem lateinischen Buch der Kirche Einigen zugeschrieben werden, nach dem Vorbild der Wundertaten Jesu.

Im Johannesevangelium lesen wir von der Heilung eines Blindgeborenen:

Und Jesus ging vorüber und sah einen, der blind geboren war. Und seine Jünger fragten ihn und sprachen: Meister, wer hat gesündigt, dieser oder seine Eltern, dass er blind geboren? Jesus antwortete: Es hat weder dieser gesündigt noch seine Eltern, sondern dass die Werke Gottes offenbar würden an ihm. Ich muss wirken die Werke des, der mich gesandt hat, solange es Tag ist; kommt die Nacht, da niemand wirken kann. Dieweil ich bin in der Welt, bin ich das Licht der Welt. Da er solches gesagt, spützt er auf den die Erde und machte einen Kot aus dem Speichel und schmierte den Kot auf des Blinden Augen. Und sprach zu ihm: Gehe hin zu dem Teich Siloah und wasche dich. Da ging er hin und wusch sich und kam sehend. (Joh. 9,1-7)

In der Strättliger Chronik lesen wir: *Man findet an dem Ort, dass einer mit Namen Hans Müller mit den Augen nicht mehr sehen konnte, so dass er nicht sah. Dieser Hans Müller ging zur Kirche des Paradies St. Michael mit einem lebenden Opfer. Da er nun hin kam und sein Opfer gab, da liess er sich zum heiligen Brunnen führen, der da ist bei der Kirche des Paradieses und bestrich da seine Augen mit Erde und Speichel und danach wusch er seine Augen mit dem Wasser des heiligen Brunnen. Und wurde sofort wieder sehend und lobte den allmächtigen Gott und den hochwürdigen Erzengel St. Michael (S.61-62).*

Zwei Heilungen, welche sehr ähnlich von Statten

gingen. Blinde wurde mit Speichel, Erde und Wasser, aber vor allem mit Glauben wieder sehend. Diese Aussage in der Strättliger Chronik ist beinahe unverändert aus dem Johannesevangelium übernommen und durch Elogius Kiburger aus dem lateinischen Buch abgeschrieben worden. Heilungen mit Wasser kamen bei Jesus oft vor, wie auch bei der Kirche Einigen. Wir lesen im Johannesevangelium von der Heilung eines Kranken am Teich Bethesda:

Danach war ein Fest der Juden, und Jesus zog hinauf gen Jerusalem. Es ist aber zu Jerusalem bei dem Schaftor ein Teich, der heisst auf hebräisch Bethesda und hat fünf Hallen. In welchen lagen viele Kranke, Blinde, Lahme, Verdorrte, die warteten, wann sich das Wasser bewegte. Denn ein Engel fuhr herab zu seiner Zeit in den Teich und bewegte das Wasser. Welcher nun zuerst, nachdem das Wasser bewegt war, hineinstieg, der ward gesund, mit welcherlei Seuche er behaftet war. Es war aber ein Mensch daselbst, achtunddreissig Jahre lang krank gelegen. Da Jesus ihn sah liegen und vernahm, dass er so lange gelegen hatte, spricht er zu ihm: Willst du gesund werden? Der Kranke antwortete ihm: Herr, ich habe keinen Menschen, wenn das Wasser sich bewegt, der mich in den Teich lasse; und wenn ich komme, so steigt ein anderer vor mir hinein. Jesus spricht zu ihm: Stehe auf, nimm dein Bett und gehe hin! Und alsbald ward der Mensch gesund und nahm sein Bett und ging hin. (Joh.5,1-9)

Diese Heilung wurde im lateinischen Buch oft übernommen und auf den Wunderbrunnen im Paradies, der Kirche Einigen zurecht geschrieben. So wurde Peter Schick aus Erlenbach durch das Wasser des heiligen Brunnens geheilt. Hans Müller von Einigen wurde mit dem Wasser des Brunnens von seiner Blindheit geheilt und sein Bruder Peter wurde vom roten Schaden (Ruhr) durch das Wasser des Brunnens wieder gesund. Die lahme Hand des Walter Amschig aus Hondrich wurde durch Eintauchen in den Brunnen wieder gesund sowie auch Bernhard zum Brunnen vom Bächigut, der seine starken Leibschmerzen bei einer Waschung mit dem Wasser des heiligen Brunnens verlor. Dem Knaben Dietrich aus Hilterfingen waren Häutchen über die Augen gewachsen, sodass er blind war. Ein Gemisch aus Erde und Wasser aus dem heiligen Brunnen, welches ihm auf die Augen gestrichen wurde, machte ihn wieder sehend. Eine Cecilia aus Merligen hatte einen Kropf, einen Buckel und konnte die Hände nur noch auf die Knie legen. Ihr Sohn brachte sie zur Kirche im Paradies. Im Traum wurde sie von einem schönen Jüngling mit dem Wasser des heiligen Brunnens gewaschen und wurde gesund. So auch Cunat von Faulensee, ein Müller im Gwatt, ihm war bei der Arbeit die Hand unter dem Mühlstein gekommen und diese wurde zerquetscht. In seiner Not rief er St. Michael an, den er schon lange verehrte. Im Schlaf kam St. Michael zu ihm und ihn dünkte, dass seine Hand im Wasser des heiligen Brunnens gewaschen würde. Am nächsten Morgen erwachte er und war geheilt. Eine Hand spielt auch im Evangelium des Matthäus eine Rolle:

Und siehe, da war ein Mensch, der hatte eine verdorrte Hand. Und sie fragten ihn und sprachen: Ist's auch recht am Sabbat zu heilen? Auf dass sie eine Sache gegen ihn hätten. Aber er sprach zu ihnen: Wer ist unter euch, so er ein Schaf hat, das ihm am Sabbat in eine Grube fällt, der es nicht ergreife und aufhebe? Wieviel besser ist nun ein Mensch denn ein Schaf? Darum mag man wohl am Sabbat Gutes tun. Da sprach er zu dem Menschen: Strecke deine Hand aus! Und er streckte sie aus; und sie ward ihm wieder gesund, gleich wie die andere. (Matth. 12,10-13)

Obschon bei dieser Heilung, wie auch bei der am Teich Bethesda nebst der Heilung auch der Sabbat eine Rolle spielte, werde ich nicht weiter auf das Arbeitsverbot am Sabbat eingehen, weil dies mit den Wundern von Einigen nicht im Zusammenhang steht. Einen krummen Rücken und dessen Heilung finden wir im Lukasevangelium:

Und siehe, ein Weib war da, das hatte einen Geist der Krankheit achtzehn Jahre; und sie war krumm und konnte nicht wohl aufstehen. Da sie aber Jesus sah, rief er sie zu sich und sprach zu ihr: Weib, sei los von deiner Krankheit! Und legte seine Hände auf sie; und alsbald richtete sie sich auf und pries Gott. (Luk.13, 11-13)

Auch diese Heilung fand an einem Sabbat statt, was auch wieder zum Thema wurde. In Einigen wurde Gertrud aus Frutigen, die gelähmte Beine und einen gekrümmten Rücken hatte, geheilt und dankte Gott dem Allmächtigen.

Jesus trieb Dämonen aus und auch in Einigen wurden drei Dämonen ausgetrieben. So lesen wir in der Bibel im Matthäusevangelium:

Und siehe, ein Kanaäisches Weib kam aus derselben Gegend und schrie ihm nach und sprach: Ach Herr, du Sohn Davids, erbarme dich meiner! Meine Tochter wird vom Teufel übel geplagt. Und er antwortete ihr kein Wort. Da traten zu ihm seine

Jünger, baten ihn und sprachen: Lass sie doch von dir, denn sie schreit uns nach. Er antwortete aber und sprach: Ich bin nicht gesandt denn nur zu den verlorenen Schafen von dem Haus Israel. Sie kam aber und fiel vor ihm nieder und sprach: Herr, hilf mir! Aber er antwortete und sprach: Es ist nicht fein, dass man den Kindern das Brot nehme und werfe es vor die Hunde. Sie sprach: Ja, Herr, aber doch essen die Hündlein von den Brosamen die von ihrer Herren Tische fallen. Da antwortete Jesus und sprach zu ihr: O, Weib, dein Glaube ist gross! Dir geschehe, wie du willst. Und die Tochter ward gesund zu derselben Stunde (Matth. 15,22-28)

Auch in Kapernaum trieb Jesus einen Teufel aus:

Und er kam gen Kapernaum, in die Stadt Galiläas, und lehrte sie am Sabbat. Und sie verwunderten sich seiner Lehre, denn seine Rade war gewaltig. Und es war ein Mensch in der Schule besessen mit einem unsauberen Teufel der schrie laut und sprach: Halt, was haben wir mit dir zu schaffen, Jesus von Nazareth? Du bist gekommen, uns zu verderben; ich weiss wer du bist: der heilige Gottes: Und Jesus bedrohte ihn und sprach: Verstumme und fahre aus von ihm! Und der Teufel warf ihn mitten unter sie und fuhr von ihm aus und tat ihm keinen Schaden. Und es kam eine Furcht über sie alle und sie redeten miteinander und sprachen: Was ist das für ein Ding? Er gebietet mit Macht und Gewalt den unsauberen Geistern und sie fahren aus (Luk.4,31-36).

Bei Lukas lesen wir von einer weiteren Heilung eines Besessenen:

Und er trieb einen Teufel aus, der war stumm. Und es geschah, dass der Teufel ausfuhr, da redete der Stumme. Und das Volk verwunderte sich. (Luk. 11,14).

In diesem Zusammenhang finden wir eine grossartige Aussage, die das Reich Gottes betrifft:

So ich aber durch Gottes Finger die Teufel austreibe, so kommt ja das Reich Gottes zu euch (Luk. 11.20)

In einer anderen Übersetzung: „ist das Reich Gottes mitten unter Euch".

In Einigen wurde Mechit Röslerin aus Stocken in den Hochaltar eingeschlossen, danach im heiligen Brunnen untergetaucht und so vom Fluch befreit. Auch Diebold von Strättligen war von einem bösen Geist besessen und Anshelm von Strättligen beging Ehebruch mit einer anderen Frau. Er wurde vom Teufel besessen und verwandelte sich in eine schwarze Gestalt. Er begab sich zur Kirche im Paradies, wo sich jedoch der Kirchherr seiner Gestalt wegen fürchtete. Anshelm konnte mit reuigem Herzen seine Beichte ablegen und wurde vom Teufel befreit. Jedoch heilte Jesus nicht nur Kranke und Besessene, sondern weckte auch Tote auf. So wird der Sohn einer Witwe vom Tod erweckt:

Und es begab sich danach, dass er in eine Stadt mit Namen Nain ging; und seiner Jünger gingen viele mit ihm und viel Volkes. Als er aber nahe der an das Stadttor kam, siehe, da trug man einen Toten heraus, der ein einziger Sohn war seiner Mutter, und sie war eine Witwe; und viel Volks aus der Stadt ging mit ihr. Und da sie der Herr sah, jammerte ihn derselben, und er sprach zu ihr: Weine nicht! Und trat hinzu und rührte den Sarg an, und die Träger standen. Und er sprach: Jüngling, ich sage dir, stehe auf! Und der Tote richtete sich auf und fing an zu reden, und er gab ihn seiner Mutter. (Luk.7,11-15)

Auch in der Strättliger Chronik wird von Kindern und Jünglingen geschrieben, die vom Tod auferweckt wurden. So wurde der vierjährige Bernhard aus Schoren, nachdem er in einen tiefen Brunnen fiel und erst nach längerer Zeit tot gefunden wurde, von seinem Vater zur Kirche im Paradies gebracht, wo er wieder lebendig wurde. Peter Fröiwe aus Einigen badete im See und sah Frau Anne von Goldern, die er verspottete und anspritzte. Sie wurde zornig und wünschte ihm im Namen St. Michael, dass er ertrinke. Seine Kräfte liessen nach und er ertrank. Nachdem er tot aus dem See geholt wurde, waren seine Frau und die Kinder sehr traurig, beteten St. Michael um Hilfe an und versprachen ein lebendes Opfer. Darauf kam Peter wieder zum Leben. Auch Hedwigs von Wyler, welche in der Kander ertrank, wurde von Freunden tot aus dem Fluss geholt und zur Kirche gebracht, wo sie wieder lebendig wurde. Der Schüler Nikolaus ertrank beim Fischen im See. Als er aus dem Wasser geholt wurde, dachten alle, er sei tot. Die Eltern riefen St. Michael an und versprachen ein lebendiges Opfer. Nikolaus kehrte wieder ins Leben zurück. Und der kleine Peter lag vier Stunden da, als ob er tot wäre. Die Mutter versprach in ihrer Not, jährlich ein Opfer zur Kirche im Paradies zu bringen. Er wurde wieder lebendig. Auch hier sind die Totenerweckungen aus der Bibel übernommen und für die Kirche im Paradies zurecht verarbeitet worden. Die Texte in den vier Evangelien beinhalten immer einen Tiefgang, so ist es bei der Auferweckung des Jüngling von Nain für die Witwe von grösster Bedeutung. Sie hatte ihren einzigen Sohn, ihren Ernährer, verloren, so kommt zum Schmerz über den Verlust auch die Angst vor der wirtschaftlichen Verelendung zum Tragen. Im Gegenzug handelt es sich bei den Wundern von Einigen eher um Alltagsgeschichten, die für die Betroffenen und ihre Angehörigen von grösster Bedeutung waren, jedoch keine tief greifenden Spuren hinterliessen. Hätte Kiburger das lateinische Buch nicht abgeschrieben, wären all diese Ereignisse längst vergessen. Was jedoch Jesus in der kurzen Zeit seines Wirkens vollbrachte, ist bis zum heutigen Tag im noch immer meistgelesen Buch erhalten und erinnert uns an die Wundertaten Jesu.

Die Wundertaten Jesu werden nicht nur vom Verfasser des lateinischen Buches übernommen, sondern auch von Caesarius von Heisterbach in seinem Dialog über die Wunder. So werde ich eine Heilung, von der wir im Matthäusevangelium lesen, die übernommene Heilung in der Eifel und in Einigen gegenüberstellen.

Dieses Wunder handelt von der Heilung einer Frau, welche von einem bösen Geist übel geplagt war. Wir lesen in Matth. 15, 22-28 folgendes:

Und siehe, eine kanaanäische Frau kam aus je-

nem Gebiet her und schrie laut: Erbarme dich meiner, Herr, du Sohn Davids! Meine Tochter wird von einem Dämon schwer geplagt. Er aber antwortete ihr nicht ein Wort. Und seine Jünger traten hinzu und baten ihn: Fertige sie ab, den sie schreit uns nach! Doch er antwortete und sprach: Ich bin nur zu den verlorenen Schafen des Hauses Israel gesandt. Da kam sie und warf sich vor ihm nieder und sagte: Herr, hilf mir! Er aber antwortete und sprach: Es ist nicht recht, den Kindern das Brot zu nehmen und es den Hunden hinzuwerfen. Sie aber sagte: Gewiss Herr, auch die Hunde zerren ja (nur) von den Brosamen, die vom Tisch fallen. Da antwortete Jesu und sprach zu ihr: O Weib, dein Glaube ist gross; dir geschehe wie du willst! Und ihre Tochter war geheilt von jener Stunde an. (Matth. 15,22-28)

Denselben Text finden wir auch bei Markus 7, 24-30. So weit das Wunder, wie es in der Bibel geschrieben steht. In der Strättliger Chronik, bei der ersten Gruppe der Wundergeschichten, finden wir als das dritte Zeichen ab Seite 55 folgende Geschichte: *Es war zur selben Zeit eine Tochter in Stocken (Stockental bei Thun), die hiess Mechilt Röslerin. Sie wohnte im Haus ihres Vaters, der war mit einer jungen Frau verheiratet. Mechilt verlangte von ihr, dass sie ihr etwas zu trinken gäbe, jedoch wollte die Frau des Vaters ihr nichts geben und wurde zornig. Da gab sie ihr jedoch etwas und sprach zur Tochter: „Nimm und trink in Teufels Namen!" Da nun die Tochter trank, fühlte es sich an, als ob etwas Brennendes durch die Kehle ginge, dass sie begann zu schreien, so als wollte ihr die Kehle verbrennen. Dabei blähte sich ihr Bauch auf und schwoll gross an und es dünkte sie, wie etwas durch all ihre Glieder fliesse. Die Tochter begann sich unnatürlich zu bewegen und schrie sehr laut, als ob sie besessen wäre. In diesem Zustande war sie nun zwei Jahre. Ihr Vater und die Mutter und Freunde rieten ihr, in die Kirche im Paradies zu gehen; und sie wurde dahin geführt. Als sie nun in die Kirche geführt war, liessen sie die Tochter im Fronaltar und legten ein lebendiges Opfer auf den Altar. Sie wurde ab dem Tag, drei Tage nacheinander beschworen mit einer Stola und einem Schwert und es wurde vollbracht und getan. Danach taufte man sie im heiligen Brunnen, sodass sie müde wurde und man meinte, sie sei tot. Nun lag sie da in einem tiefen Schlaf, in diesem sah sie einen lieblichen jungen Mann, der ein Schwert in der Hand hielt und er sah aus wie der Hl. St. Michael. Der Priester, der sie beschwor, nahm ein Stück Brot, segnete es und netzte dieses im heiligen Brunnen und bot es der Tochter. Sofort erwachte sie und er-*

zählte öffentlich vor allen, die da waren, was sie im Traum gesehen hatte. Darauf erschraken alle Anwesenden, als das grosse Wunder geschehen war und sie vom Boden aufstand und so gesund war wie zuvor. Alle, die dieses grosse Zeichen und Wunder gesehen hatten, gaben Lob und Dank dem allmächtigen Gott und den Würdigen St. Michael und es wurde überall im Land erzählt. Wegen dieser Hilfe an seiner Tochter Mechilt, welche in der Kirche und dem heiligen Brunnen im Paradies geschah, gab der Vater und die Mutter zur freien Verfügung dem Kirchherrn einen Acker in Stocken, der „Krummacker" genannt war; auch ein anderes Stück Land wurde der Kirche gegeben. Dies findet man im Jahrzeitenbuch im August. (S.55-56)

Auch in diesem Bericht wurde eine Tochter durch ein Wunder von Gott und des heiligen St. Michael von Dämonen befreit. Nun aber finden wir eine ähnliche Geschichte auch bei Caesarius von Heisterbach, im Buch „Dialog über die Wunder" Band 5, Kapitel 26: *Vor drei Jahren (ums Jahr 1220) als zur Fastenzeit unser Herr Abt Heinrich in Klaarkamp (Friesland), Visitation hielt, besuchte er auch die Schwestern im Kloster Nazareth (Friesland). Als er sich in jener Nacht nach dem Matatin ein wenig hingelegt hatte, sah er folgende Erscheinung:*

Es schien ihm, als sei er in einem von Wänden umschlossenen Raum, wo er tiefstes Seufzen und Klagen hörte. Doch obwohl er sich sorgfältig umgesehen hatte, konnte er dort niemanden sehen. Als die Seufzer nicht aufhörten und er sich über die Ursache hierfür wunderte, sagte er schliesslich: „Ich beschwöre dich bei unserem Herrn Jesus Christus, sage mir, wer du bist!“ Da keine Antwort zu hören war, wiederholte er die Beschwörung. Darauf spürte er, wie sich etwas, das er nicht sehen konnte, ihm näherte und hörte folgende Antwort: „Ich bin eine arme Seele!“ Darauf der Abt: „Du seufzst ganz elendig! Doch ich weiss nicht, was die Ursache deines Elends ist?“ Die Stimme antwortete: „Ich erleide schlimme Qualen“, darauf der Abt: „Was ist die Ursache für Deine Qualen?“ „Ich habe meine Keuschheit nicht bewahrt“, und der Abt: „Bist Du ein Mann oder eine Frau?“ „Ich bin eine Frau“. „Und wie“ fragt er „ist Dein Name?“ Also sagt sie: „Maria“, fuhr er fort: „Kann man Dir helfen?“ Sie antwortete (zunächst) nicht, doch durch sein wiederholtes Fragen umgestimmt, antwortet sie schliesslich: „Ich bitte Euch bei Gott dem Allmächtigen, wenigstens einen Psalter für mich zu beten und darüber hinaus einige Messen (zu lesen); der Abt stimmte dieser Bitte gerne zu und fragte sogleich: „Könnte ich dich sehen?“ Und siehe: Kaum hatte er die Frage gestellt, sah er eine schöne junge Frau vor sich stehen mit kurz geschnittenem Haar nach der Art der Klosterfrauen und in einem schwarzen Umhang. Als er sie noch weiteres fragen wollte, sowohl nach ihrem eigenen Zustand als auch über den Zustand anderer Seelen, erwachte er.

Nach dem Gebet der Prim berichtete er dem Abt von Klaarkamp und einigen seiner Mönche, aber auch mir, der ich damals dabei gewesen war, was er gesehen hatte. Doch es gab niemanden ,der die Erscheinung verstand oder erklären konnte. Man erzählte davon den Schwestern des Klosters Nazareth. Dort gab es keine Maria. Der bereits oft genannte Abt Heinrich war jedoch überzeugt, dass solch eine deutliche Erscheinung ihm keinesfalls grundlos gezeigt worden war. Als er zum Kloster Sion kam, das auch ein Haus von Nonnen unseres Ordens ist, erzählte er nach Worten der Ermahnung seinen Traum und forschte nach seiner Maria.

Und siehe: Eine der Nonnen – eine Tante der besagten Maria – hörte dies und staunte. Sie sprach unter vier Augen mit dem Abt: „Herr, diese Maria war die Tochter meiner Schwester. Diese war Nonne in einem friesischen Kloster des schwarzen Ordens (sc. Benediktiner), das Bredehorn heisst. Sie ist vor acht Jahren verstorben. Als sie sich einst in einer Grangie des Klosters aufhielt, verführte sie ein Kleriker und schwängerte sie. Weil sie bei der Entbindung in Todesgefahr geriet, liess sie Vater und Mutter, zwei verheiratete Schwestern und dazu noch die Tochter ihrer Tante aus Sion zu sich rufen. Sie bekannte diesen mit den Seufzern ihres Herzens ihre Sünde. Dann starb sie. Die Verwandten aber, die keine Hoffnung mehr für ihr Seelenheil hatten, taten nichts dafür."

Als der Abt dies vernommen hatte, dankte er Gott, der eine Seele, die sich ihm anvertraut, nicht den wilden Tieren übergibt, und die Seele des Armen nicht für immer vergisst. Er sah an ihr das Wort erfüllt: „In der Stunde, in welcher der Sünder seufzt, wird er gerettet sein."

Vom Abt ermahnt, fassten die Eltern Hoffnung und begannen, Benefizien für sie zu sprechen. Doch auch der Abt liess in den Klöstern Frieslands als auch in den Ordenshäusern unserer Gegend Messen, Gebete und viele Psalter für sie verrichten, ausgenommen das, was er persönlich für sie tat.[16]

So weit der Text von Caesarius von Heisterbach, der nebst der Ähnlichkeit zur Bibel und der Chronik noch eine andere tragische Wahrheit beinhal-

---

[16] Caesarius von Heisterbach, Dialog über die Wunder, Turnhout Brepols Publishers, 2009, S. 2241-2245

tet. Das Mädchen Maria wurde von einem Mann, einem Kleriker, verführt, mit sehr grosser Wahrscheinlichkeit vergewaltigt, worauf sie schwanger wurde. Der Mann, der eigentliche Täter, konnte ohne die geringste Konsequenz sein Leben weiterleben, weiter sein Unwesen treiben und noch andere Mädchen verführen und schwängern. Maria jedoch, die Unschuldige, musste bitter für die Vergewaltigung leiden und um Vergebung bitten. Solch eine Geschichte kann nur ein Mann, ein Patriarch, aus dem wahren Zusammenhang gerissen und auf diese schändliche Art umgedeutet und geschrieben haben.

Eine weitere Wundergeschichte lesen wir in der Strättliger Chronik, wo ein Mann im „Höllmoos“ leiden musste: Im Jahr 1156, unter dem Kaiser Fridrich I. war ein Herr in Strättlingen mit Namen Herr Diebold, seine Frau hiess Anna. Durch Unterweisung des Teufels und durch seine Geld- und Machtgier begann er, ein wilder und verkehrter Wüterich zu sein und ein Zerstörer der kirchlichen Freiheiten. Er zog auch die Hinterlassenschaft des verstorbenen Kirchherrn gegen göttliches und menschliches Recht an sich. An der Kirchweihe aber hielt ihm der neue Priester Dietrich in Gegenwart der ganzen Gemeinde sein Unrecht vor, strafte ihn mit kühnen Worten und wies ihn aus der Kirche. Diebold kehrte wütend auf seine Burg (Strättligburg) zurück. Aber am dritten Tag fuhr der Teufel in ihn und peinigte ihn auf den Tod. Als er durch den Kirchherrn wieder entledigt worden war, wollte er dennoch das geraubte Gut nicht herausgeben. Deshalb wurde er abermals besessen und starb ohne Vernunft, und seine Seele wurde den bösen Geistern übergeben. Die trugen sie in das nahegelegene Moos, das deswegen das „Höllmoos“ heisst. Dort liess sich die arme Seele mit grossem Klageruf hören und kam nicht eher zur Ruhe, bis der Kirche das ihrige nebst anderen Gaben wieder erstattet wurde. Die Söhne Diebolds, Richard, Otto und Marquard von Strättligen, schickten einen Boten zum Papst Alexander III. und erhielten neue Freiheiten und Heiligtümer (Reliquien) für das Paradies. Dafür sollten aber dreissig Messen gelesen und beim Höllmoos ein Bruderhaus gestiftet werden.

Die Geldgier des Herrn Diebold führte ihn in die Verdammnis und dazu, dass dieses Moor im Ghei bis zum heutigen Tag den Namen Höllmoos trägt.

Weitere Dämonenaustreibungen, welche in der Bibel zu lesen sind, finden wir zum einen in Lukas 4, 31-37, die Heilung eines besessenen in Kapernaum:

Und er kam hinab nach Kapernaum, einer Stadt in Galiläa, und lehrte sie am Sabbat. Und sie er-

staunten über seine Lehre, denn seine Rede war voll Gewalt. Und in der Synagoge war ein Mensch, der von einem Geist, einem unreinen Dämon, besessen war. Und er schrie mit lauter Stimme: Ach, was haben wir mit dir zu schaffen, Jesus von Nazareth? Bist du gekommen, uns zu verderben? Ich weiss, wer du bist: der heilige Gottes! Und Jesus bedrohte ihn und sprach: Verstumme und fahre aus von ihm! Da riss ihn der Dämon in die Mitte und fuhr von ihm aus, ohne ihm Schaden zu tun. Und staunen kam über alle, und sie redeten untereinander und sagten: Was ist das für eine Rede? Er gebietet ja den unreinen Geistern mit Gewalt und Macht, und sie fahren aus. Und die Kund von ihm verbreitete sich in jeden Ort der umliegenden Landschaft. (Luk. 4,31-37)

In diesem Falle fuhr der Dämon, nach einem klaren Befehl Jesu, aus dem Gepeinigten und die Kunde verbreitete sich schnell in der Region. Eine weitere Heilung eines Besessenen wird in Lukas, 26-39 beschrieben.

Und sie fuhren nach der Landschaft der Gergesener, die Galiläa gegenüberliegt. Als er aber ans Land gestiegen war, kam ihm ein Mann aus der Stadt entgegen, der Dämonen hatte und seit lan-

ger Zeit keine Kleider anzog und in keinem Hause blieb, sondern in den Grüften. Als dieser Jesus sah, schrie er auf, warf sich vor ihm nieder und sprach mit lauter Stimme: Was hab ich mit dir zu schaffen, Jesus, du Sohn Gottes, des Höchsten? Ich bitte dich, peinige mich nicht! Er hatte nämlich dem unreinen Geist geboten, aus dem Menschen auszufahren. Jener hatte ihn nämlich seit langer Zeit mit sich fortgerissen, und er wurde in Ketten und Fussfesseln geschlossen und verwahrt; und er zerriss die Fesseln und wurde von dem Dämon in die Einöde getrieben. Und Jesus fragte ihn: Was ist dein Name' Er antwortete: Legion. Denn viele Dämonen waren in ihn gefahren. Und sie baten ihn, er möchte ihnen nicht befehlen, in die Unterwelt zu fahren. Es war aber dort eine Herde von vielen Schweinen auf dem Berg zur Weide, und sie baten ihn, er möchte ihnen erlauben, in diese zu fahren. Und er erlaubte es ihnen. Da fuhren die Dämonen aus dem Menschen aus und fuhren in die Schweine. Und die Herde stürzte den Abhang hinunter in den See und ertrank.

Als aber die Hirten sahen, was geschehen war, flohen sie und verkündigten es in der Stadt und auf dem Lande. Da gingen die Leute hinaus, um zu sehen, was geschehen war. Und sie kamen zu Jesus und fanden den Menschen, von dem die Dämonen ausgefahren waren bekleidet und ver-

nünftig zu den Füssen Jesu sitzen; und sie fürchteten sich. Die aber, welche es gesehen hatten, erzählten ihnen, wie der Besessenen gesund geworden war. Und die ganze Menge aus der umliegenden Landschaft der Gergesener bat ihn, von ihnen wegzugehen; denn grosse Furcht hatte sie ergriffen. Da stieg er in ein Schiff und kehrte zurück. Der Mann aber, von dem die Dämonen ausgefahren waren, bat ihn, dass er bei ihm bleiben dürfe. Doch er entliess ihn und sagte: Kehre zurück in dein Haus und erzähle, was Gott dir Grosses getan hat! Und er ging aus und verkündigte in der ganzen Stadt, was Jesus Grosses getan hatte. (Luk. 7,26-38)

Auch da wieder ein Besessener, der durchs Wort Jesu geheilt wurde und dies in der Stadt verkündigte, so auch in Lukas 11, 14-23, wo zu lesen ist:

Und er trieb einen Dämonen aus, der stumm war. Es begab sich aber, nachdem der Dämon ausgefahren war, da redete der Stumme. Und die Volksmenge verwunderte sich. Etliche von ihnen sagten jedoch: Durch Beelzebul, den Herrscher der Dämonen, trieb er die Dämonen aus. Andere aber versuchten ihn und forderten von ihm ein Zeichen vom Himmel. Er jedoch sprach, da er ihre Gedanken wusste, zu ihnen: Jedes Reich, das mit sich selbst entzweit ist, wird verwüstet, und ein Haus fällt über das andere. Wenn aber sogar der Satan mit sich selbst entzweit ist, wie kann sein Reich bestehen? Ihr sagt ja, ich treibe Dämonen durch Beelzebul aus. Wenn aber ich die Dämonen durch Beelzebul austreibe, durch wen treiben eure Söhne sie aus? Deshalb werden sie eure Richter sein. Wenn ich dagegen durch den Finger Gottes die Dämonen austreibe, so ist ja das Reich Gottes zu euch gekommen. Wenn der Starke bewaffnet seinen Hof bewacht, bleibt sein Besitztum in Frieden. Doch wenn ein Stärkerer als er über ihn kommt und ihn überwindet, nimmt er ihm seine Waffenrüstung, auf die er sich verliess, und verteilt seine Beute. Wer nicht mit mir ist, der ist wider mich, und wer nicht mit mir sammelt der zerstreut. (Luk. 11,14-23)

Worte, die zum Nachdenken anregen, die zum Nachdenken anregen müssen. Lesen wir doch in diesen Zeilen, dass das Reich Gottes zu uns gekommen ist. Jesus trieb Dämonen aus, heilte Besessene. Nicht nur in Galiläa, sondern auch viele Jahre später in Einigen am Thunersee.

In der Strättliger Chronik werden noch weitere Zeichen beschrieben, in denen Dämonen eine entscheidende Rolle spielen: *Herr Anshelm von Strättligen stand, nachdem er mit seiner Frau geschlafen hatte, auf und ging zu einer anderen Frau, mit der er seine Sünde und Unkeuschheit vollbrachte. Da er noch in derselben Nacht beim Mondschein wieder heimkehrte, sah ihn seine Frau, wie er durchs Fenster kam, und fing so laut zu schreien an, dass alles Hofgesinde aufstand, um zu sehen, was geschehen sei und warum die Frau so laut schrie. Da nun das Hofvolk ihren Herrn auch sah, da begannen auch diese zu schreien, als ob sie einen ungeheuren, grausamen Teufel sahen. Da nun der Herr wahrnahm, dass alle wegen ihm schrien, und sein Gesicht nicht so war wie zuvor, da sah er, wie der allmächtige Gott ihn strafte von seinen abschätzigen Sünden und ihm die Schmach zu einer Schande wurde. Und ihn dünkte, er wäre schwarz, wie ein Teufel und wäre besessen. Als es nun Morgen wurde, ging er zur Kirche des Paradieses, dass er an diesem Ort in seiner Kirche beichten könne, und dem Kirchherrn, dem Herrn Arnold von Sumosswald. So dass derselbe ihn entledige von seinen Sünden und dem Teufel und dass ihm sein Angesicht und seine Gestalt wieder möchte werden. Als er auf dem Weg zur Kirche war, begegnete ihm ein Kind, welches die Kühe aufs Feld treiben wollte. Da fingen die Kühe an zu brüllen und erschraken, dass es ein Wunder war und das Kind mit den Tieren in die Flucht trieb. Der Kirchherr der Kir-*

che des Paradieses betete zu dieser Zeit in der Kirche, und als er sah, dass der Herr kam, segnete er sich mit dem Zeichen des heiligen Kreuzes und verschloss die Türe vor ihm. Da merkte er, was hier geschah. Der edle Herr Anshelm von Strättligen legte sich vor die Kirchentür auf den Boden und sprach: „Vater, erbarm dich über mich armen elenden Sünder! Ich bin nicht der, den du soeben vor dir gesehen hast in dieser Gestalt! Ich bin verwandelt in eine andere Gestalt, das habe ich von meinen grossen Sünden und ist mir ach wegen meiner Sünden zu gefallen, dass ich nun wie der Teufel aussehe und seine Gestalt annahm." Der Kirchherr sprach nun mit geschlossener Türe zu ihm: „Sag mir, was willst du?" „Das was Gott will, das will ich von dir erwarten." Darauf begann der Herr Anshelm von Strättligen zu beichten, mit ganzem reuigen Herzen und wurde sofort vom Kirchherrn beschworen und erlöst von der Mühe des bösen Geistes und bekam seine Form und Gestalt wieder, sodass er aussah wie zuvor. Darauf er Gott dem Allmächtigen und dem würdigen Erzengel Michael Lob und Dank sagte und sich hüte vor Sünden, gab er dem Kirchherrn als ewige Gabe und Almose vier jucharden Land, gelegen vor Berenbühl. Das findet man im Jahrzeitenbuch (1300, im Mai). (Str. Chr. S. 125-127)

Ein anderes Zeichen: *Da war ein Mann, genannt Görg an der Egg von Allmendingen; der war von einem bösen Geist besessen und das schon drei Jahre lang. Seine Freunde jedoch meinten, er hätte nur ein Gebrechen im Hirn. Sie schickten ihn mit einem lebenden Opfer zu St. Michael in die Kirche im Paradies und verhiessen, dies alle Jahre zu tun. Danach führten sie ihn zur Kirche des Paradies und schlossen ihn in den Fronaltar ein, wo er beschworen wurde. Dies brauchte etwas Zeit, wurde aber doch erlöst. Da er nun an diesem Ort erlöst wurde von dem bösen Geist, da wollten er und die seinen Gott Lob und Ehre sagen und dem hochgelobten St. Michael, dass er ihnen so geholfen hat. Und darum gab der genannte Görg und seine Frau dem Kirchherrn zu einer ewigen Gabe und Almosen, sieben Jucharten Acker, genannt der Egelacker, der stösst an der Kirchen Bannacker in den Stöcken. Dies findet man im Jahrzeitenbuch im Mai. (Str. Chr. S. 128)*

Zwei Zeichen, die in der Strettlinger Chronik beschrieben sind, bei denen Dämonen durch die Kraft Gottes ausgetrieben wurden. Wie auch im Lukasevangelium gelesen, haben Freunde oder Angehörige den Besessenen aufmerksam gemacht und Jesus gebeten, im Namen Gottes den Dämon zu verbannen. All diese Zeichen in der Chronik können auf die Bibel zurückgeführt werden, woher diese ihren Ursprung haben.

In Einigen war nie ein Mensch an den Heilungen beteiligt. Da war keiner, der mit seinem Wirken, Handauflegen oder als Heiler tätig war, sondern nur der Glaube des Kranken oder seiner Angehörigen. Die Heilung, das Austreiben der Dämonen oder die Auferweckung der Toten geschah nur durch die Kraft des allmächtigen Gottes und des heiligen Erzengel Michael. Angehörige brachten die Kranken zur Kirche und baten Gott um Heilung.

Chronologie der Wunder Jesu

Jesus vollbrachte all die Wunder und Zeichen in den drei Jahren seines Wirkens. Dem gegenüber sind gemäss der Strättliger Chronik die 22 Wunder, welche der Kirche Einigen zugeschrieben werden, einige Jahrhunderte verstrichen. Die Wundergeschichten haben in der Bibel, wie in der Chronik einen ähnlichen Aufbau. In der Einleitung lesen wir die Schilderung der Situation und das Auftreten der beteiligten Personen, darauf folgt die Charakterisierung der Not und ein Spannungsaufbau, welchem die Wunderheilung folgt. Zum Schluss die Reaktion aufs geschehene Wunder, dank mit Worten, aber auch mit Almosen, Opfern und Gaben.

Das Wirken Jesu begann nach der Taufe durch Johannes am Jordan, in Kapernaum, wo er auch einige Zeit wohnte. Nachdem er die ersten Jünger fand, lesen wir:

Und Jesus ging umher im ganzen galiläischen Land, lehrte in den Schulen und predigte das Evangelium von dem reich und heilte allerlei Seuchen und Krankheit im Volk. Und sein Gerücht erscholl in das ganze Syrienland. Und sie brachten zu ihm allerlei Kranke, mit mancherlei Seuchen und Qual behaftet, die Besessenen, die

Mondsüchtigen und die Gichtbrüchigen; und er machte sie alle gesund. (Math. 4,23-24)

Nebst dem Lehren und Predigen war das Heilen seine wichtigste Tätigkeit. Jesus liess den Worten sofort die Tat folgen. Das sehen wir auch unmittelbar nach der Bergpredigt, wo er noch auf dem Weg nach Kapernaum einen Aussätzigen heilte. Gleich darauf folgte die Heilung des Knecht des Hauptmann und der Schwiegermutter das Petrus. Weiter wurden zwei Besessenen die Teufel ausgetrieben und ein Gichtbrüchiger wird geheilt. Zwei weitere Wunder lesen wir in Math.9,18:

Die Tochter des Jairus wird vom Tod erweckt und das blutflüssige Weib geheilt.

Darauf werden zwei Blinde und ein Besessener geheilt. Jesus aber heilte nicht nur alleine, er gab auch seinen Jüngern die Macht:

Und er rief seine zwölf Jünger zu sich und gab ihnen macht über die unsauberen Geister, dass sie die austreiben und heilen allerlei Seuchen und allerlei Krankheit. (Math.10,1)

Jesus heilte auch am Sabbat, so lesen wir von der Heilung der verdorrten Hand, danach folgte ihm viel Volk nach und er heilte sie alle. Und da wurde auch ein Besessener zu ihm gebracht der blind und stumm war und er heilte ihn, so dass er wieder sehen und reden konnte. Im Land Genezareth kam eine neue Art der Heilungen dazu:

Und sie schifften hinüber und kamen in das Land Genezareth. Und da die Leute am selbigen Ort seiner gewahr wurden schickten sie aus in das ganze Land umher und brachten allerlei Ungesunde zu ihm und baten ihn, dass sie nur seines Kleides Saum anrührten. Und alle die da anrührten wurden Gesund. (Math.14,34-36)

Jesus heilte auch die Besessene Tochter des kananäischen Weib. Von weiteren, auch Massenheilungen lesen wir:

Und Jesus ging von dannen fürbass und kam an das Galiläische Meer und ging auf einen Berg und setzte sich allda. Und es kam zu ihm viel Volks, die hatten mit sich Lahme, Blinde, Stumme, Krüppel und viele andere und warfen sie Jesus vor die Füsse, und er heilte sie, dass sich das Volk verwunderte, da sie sahen, dass die Lahmen gingen, die Blinden sahen, und sie priesen den Gott Israels. (Math.15,29-31)

Er heilte auch noch zwei Blinde auf dem Weg nach Jericho. Soweit nun einen Auszug der Wunder Jesu aus dem Matthäus Evangelium. Auch bei Markus, Lukas und Johannes werden Wunderheilungen beschrieben. Jedoch kann keine Anzahl der Wunder und Zeichen genannt werden, da oft sehr viele, eine ungenannte Anzahl Menschen Heilung empfangen konnte.

Chronologie der Wunder von Einigen

Die Wunder geschahen nicht in den zehn Jahren, als Elogius Kiburger Pfarrer in Einigen war. All die Wundererzählungen fand Kiburger im lateinischen Buch, oft im Zusammenhang mit den Papstbesuchen, wo diese zum Erlangen weiterer Privilegien vorgetragen wurden, oder als Erwähnungen bei Kirchweihfesten. Das Verkünden der Wunder war von zentraler Bedeutung, wollte doch eine Pfarrei vor dem Papst und der kirchlichen Obrigkeit vorbildlich in Erscheinung treten. Aber es musste auch alles getan werden, dass die Gläubigen in der Region und in einem grossen Umfeld von den Wundern hörten und die Kirche aufsuchten. Wenn von so vielen Wundern erzählt wurde, musste schon etwas Wahres daran sein, was neue Besuche bei der Kirche bescherte und neue Wunder hervorbrachte. Sie sollen auch die Leute motivieren, die Kirche zu besuchen und den Opferstock nicht zu vernachlässigen, aber auch zum Nachdenken animieren und den Glauben an Gott und St. Michael vertiefen.

Alle Wunder, die in der Strättliger Chronik erwähnt sind, werden in Kurzform zusammengefasst:

Peter Schik aus Erlenbach wurde durch das Wasser des heiligen Brunnens von Knie- und

Beinschmerzen geheilt. [52]

Hartmann im Hof aus Reutigen wurde nach der Hinrichtung am Galgen wieder lebendig, nachdem sich seine Angehörigen St. Michael anvertraut hatten. [54]

Mechilt Röslerin aus Stocken wurde nach einem ihr verabreichten Getränk mit einem Fluch beladen. In der Kirche im Paradies wurde sie in den Hochaltar eingeschlossen und danach im heiligen Brunnen untergetaucht und vom Fluch befreit. [55]

Hans Müller aus Einigen wurde mit Wasser des heiligen Brunnens von seiner Blindheit geheilt. [71)]

Peter Müller, der Bruder von Hans, wurde vom roten Schaden (Ruhr) durch das Wasser des heiligen Brunnen wieder gesund. [71]

Walter Amsching aus Hondrich hatte eine lahme Hand, die durch Eintauchen in den heiligen Brunnen wieder gesund wurde. [72]

Gerdrud aus Frutigen hatte gelähmte Beine und der Körper war gekrümmt. Sie brachte ein lebendiges Opfer zur Kirche und wurde geheilt. [89]

Bernhard zum Brunnen vom Bächigut (Chartreuse) hatte starke Leibesschmerzen. Mit einem lebendigen Opfer kam er zur Kirche im Paradies und mit einer Waschung mit Wasser des heiligen Brunnen wurde er gesund. [90]

Diebold von Strättligen wurde vom Kirchherrn der Kirche im Paradies ausgeschlossen, weil sich dieser am Kirchengut vergriff. Danach wurde er von einem bösen Geist besessen. Darauf wurde er in den Hochaltar eingeschlossen und beschworen. Der Priester befreite ihn vom bösen Geist und Diebold beichtete, gab jedoch das abgezweigte Kirchengut nicht zurück, darauf er von Neuem besessen wurde und starb. Er blieb als arme Seele im Moos am See, die noch bis zum heutigen Tag Höllmoos heisst. [102]

Dem Knaben Dietrich aus Hilterfingen waren Häutchen über die Augen gewachsen, sodass er blind war. Ein Gemisch aus Erde und Wasser aus dem heiligen Brunnen, welches ihm auf die Augen gestrichen wurde, machte ihn wieder sehend. [110]

Der vierjährige Bernhard aus Schoren fiel in einen tiefen Brunnen und wurde erst nach längerer Zeit tot gefunden. Sein Vater brachte das tote Kind mit einem lebenden Opfer zur Kirche im Paradies, wo es wieder lebend wurde. [112)]

Hans zum Ried aus Hilterfingen wurde unschuldig zum Galgen geführt. Seine Angehörigen baten St. Michael, jeden nach seiner Schuld zu bestrafen. Der Strick von Hans riss, sodass dieser zu Boden fiel. Der Richter betrachtete dies als Gottesurteil und liess ihn frei. [118]

Anna von Goldern, ein zwölfjähriges Mädchen aus Einigen, war seit einem Jahr so stark erblindet, dass es auf die Hilfe anderer angewiesen war. Sie hörte von der Kirche im Paradies und von den Gelübden, worauf sie versprach, jährlich ein lebendes Opfer zu bringen. Darauf bekam sie ihr Augenlicht zurück und ihr Vater schenkte dem Kirchherrn ein Landgut. [120]

Peter Fröiwe aus Einigen badete im See und sah Frau Anna von Goldern, die er verspottete und anspritzte. Sie wurde zornig und wünschte ihm im Namen St. Michael, dass er ertrinke. Seine Kräfte ließen nach und er ertrank. Nachdem er tot aus dem See geholt wurde, waren seine Frau und die Kinder sehr traurig und baten St. Michael um Hilfe und versprachen ein lebendiges Opfer. Darauf kam Peter wieder zum Leben. [121]

Anshelm von Strättligen beging Ehebruch mit einer anderen Frau. Er wurde vom Teufel besessen und verwandelte sich in eine schwarze Gestalt. Er begab sich zur Kirche im Paradies, wo sich jedoch der Kirchherr seiner Gestalt wegen fürchtete. Anshelm konnte mit reuigem Herzen seine Beichte ablegen und wurde vom Teufel befreit. [125]

Cecilia aus Merligen hatte einen Kropf, einen Buckel und konnte die Hände nur noch auf die Knie legen. Ihr Sohn brachte sie zur Kirche ins

Paradies. In einem Traum wurde sie von einem schönen Jüngling mit dem Wasser des heiligen Brunnen gewaschen und wieder gesund. [139]

Hedwigis von Wyler wollte durch die Kander gehen und ertrank. Ihre Freunde, die sie retteten, versprachen ein lebendiges Opfer zur Kirche des Paradieses zu bringen, wenn sie wieder erwache. Sie wurde wieder lebendig und sie dankten Gott und St. Michael. [140]

Margret, die Frau von Heinrich Haris, war blind. Sie hörte von der Kirche im Paradies, opferte ein dickes Kalb und wurde auf einem Auge gesund. In der Nacht darauf schmerzte ihr noch nicht geheiltes Auge. St. Michael forderte sie auf, ihr versprochenes Opfer zu bringen und den Oblatenteller zu berühren. Nachdem sie dies getan hatte, wurde sie gesund. [141]

Nikolaus, ein Schüler, ertrank beim Fischen im See. Als er aus dem Wasser gezogen wurde, dachten alle, er sei tot. Die Eltern riefen St. Michael an und versprachen ein lebendiges Opfer. Nikolaus kehrte wieder ins Leben zurück. [153]

Der kleine Peter lag vier Stunden da, als ob er tot wäre. Die Mutter verspricht in ihrer Not, jährlich ein Opfer zur Kirche im Paradies zu bringen. Er wurde wieder lebendig. [154]

Gerda, die Tochter des Cunrat Suters von Wyler, war taubstumm, blind und konnte nicht gehen. Die

Eltern versprachen der Kirche im Paradies ein jährliches Opfer, wenn St. Michael der Tochter die Gesundheit wiedergebe. Alsbald wurde sie geheilt und die Eltern gaben dem Kirchherrn ein Landgut. [154)]

Cunrat von Faulensee war Müller Im (G)Watt, wo ihm bei der Arbeit die Hand unter den Mühlstein kam und diese zerquetscht wurde. In seiner Not rief er St. Michael an, den er schon lange verehrte. Im Schlaf kam Michael zu ihm und ihm dünkte, dass seine Hand im Wasser des heiligen Brunnen gewaschen würde. Am nächsten Morgen erwachte er und war geheilt. [155]

Das sind die 22 Zeichen und Wunder, die in der Strättliger Chronik des Elogius Kiburger zusammengefasst sind. Davon werden neun Krankheiten mit dem Wasser des heiligen Brunnens geheilt. Dem Brunnen, der mit der Hilfe Gottes und des heiligen Michaels Blinde sehend, Lahme gehend, Verletzte geheilt und Tote lebend machte. Eine Kirche, ein Brunnen, ein Dorf, welches viele Kranke, Traurige und Beladene mit Hoffnung besuchten und geheilt und glücklich wieder zurückliessen.

Geheilte gingen dankbar wieder nach Hause, jedoch ist nirgends auch nur ein Wort überliefert, ob die neu gewonnene Gesundheit von langer Dauer war. Jede der 22 Heilungen wurde als Momentaufnahme beschrieben und endet mit der Dankbarkeit an den allmächtigen Gott und den heiligen Erzengel Michael. Mit einer Gabe an die Kirche im Paradies und an den Kirchherrn wurde die Dankbarkeit auch mit einer Tat beglichen.

Brunnensagen

Über kein Gotteshaus, weder der näheren Umgebung noch des gesamten Schweizerlandes, sind uns so uralte, mit Wundern durchwirkte Volkssagen und Legenden erhalten worden wie über das am linken Seeufer gelegene Einigen-Kirchlein. Mit diesen Worten beginnt der Text im Büchlein „Die Schwalbe.“ Nebst vielen anderen Wundern sind die Wunder im Zusammenhang mit dem Brunnen, dem heilenden Wasser, von sehr grosser Bedeutung. Auch bei vielen Heilungen Jesu wurde dem Wasser eine grosse Bedeutung zugeschrieben. Noch heute gibt es viele Orte, wo dem Wasser eine grosse Heilkraft zuerkannt werden. Wobei nicht das Wasser, sondern Gott die Kraft der Heilung schenkt. Dem Brunnen zu Einigen wurden verschiedene Heilkräfte zugeschrieben. So werde ich einige heilende Wasser und Brunnen aus der Region, aber auch aus einem weiteren Umkreis erwähnen. Wasser ist nun mal das wirkungsvollste Heilmittel in der Medizin und der Religion. Sei es eine religiöse Waschung oder die Taufe. Pilatus wusch sich nach der Urteilsverkündung, die Jesus ans Kreuz brachte, die Hände, woraus sich die Aussage „die Hände Unschuld waschen“ herausschälte.

Am Goldswil-Stutz bei Interlaken wird ein kleiner Brunnen „Augenbrünneli“ genannt. Sein Wasser soll besonders für die Augen heilsam sein. Im Heimatbuch Ringgenberg + Goldswil fand ich folgenden Text zu dieser Heilquelle: „*Das Augenbrünneli unterhalb der neuen Strassenteilung darf in diesem Sinn als handwerkliches Denkmal angesehen werden, auch für den Ingenieur als Statiker. Eine Halbkuppe mit Stichbogenachse, unter Bergdruck stehend, in Konstruktion als Trockenmauer ohne jegliche Stahlbetonarmierung, ein Meisterwerk der Steinbaukunst! Das stilgerechte Empire-Brunnenbecken ist ein echtes Kunstwerk; ungezählte Wanderer und ihre Pferde erfrischen sich an der kühlen Augenbrünneliquelle.*“[17] Es handelt sich um einen Brunnen, dem eine Eigenschaft, eine Heilkraft zugesprochen wird, dem Heilen oder Erlaben der Augen. Es besteht durchaus die Möglichkeit, dass das kalte Wasser aus dem Berg dem müden Wanderer den Staub von den Augen wischte und durch die Abkühlung des Gesichtes den Blick wieder klar machte.

Einige Sagen zu Quellen und Brunnen, welche ich als erwähnenswert empfinde, werde ich nun auf den folgenden Seiten weitergeben. Eines davon ist das Maria-Bründl in Wilhelmsdorf bei Poysdorf, Niederösterreich, wo ursprünglich ein

[17] Gustav Ritschard, Ringgenberg + Goldswil, Verlag und Herausgabe der Gemeinde Ringgenberg, 1990, S. 339

schlechtes hölzernes Kreuz (etwa um 1637) beim Hl. Bründl stand und auch eine Hütte mit etlichen Bildern. Schon 1653 hat sich ein Bürger von Poysdorf im „Unserer lieben Frauen Brünnlein“ gewaschen und gebadet, ist genesen und bringt eine „gemalene Tafel“. In den Jahren 1655 bis 1657 wurde eine Kapelle gebaut, bis aus den reichen Opfern, die 1740 bis 1751 gespendet wurden, eine Kirche erbaut wurde. Die Ursprungskapelle war so klein, dass sie kaum 16 Personen fasste. Sie ist heute in die Kirche miteinbezogen. Die Wallfahrt untersteht dem Chorherrenstift Klosterneuburg.

Die Legende sagt, dass ein Bauer bei der Quelle ein Marienbild fand und bemerkte, dass es weinte. Er nahm es mit nach Hause, aber am Morgen war es wieder beim Bründl.

Nach einer anderen Legende hätte ein Bauer mit dem Wasser des Bründl seine Augen geheilt und ein Marienbild an einen Baum gehängt, das sich aber am nächsten Morgen beim Bründl selbst befand, was sich mehrmals wiederholte, dies war ein Zeichen, hier eine Kapelle zu erbauen.

Das Wallfahrtsmotiv ist eine Heilquelle, besonders für Augen- und Fusskranke. Man wusch und badete sich gleich dort. Den Ruf der Heilkraft erlangte das Brüdl, das gleich neben der Kapelle entsprang, durch die Heilung einer blinden Frau, die aber später wieder die Sehkraft verlor. Eine

Visitation des 17. Jahrhunderts beklagte sich, dass die beiden Geschlechter wegen Raumbeschränkung nebeneinander badeten. So wurde das Wasser auch mitgenommen und verschickt. Das Augenbründl ist heute verschüttet, es existiert nur noch ein Bassin zum Hände- und Füssewaschen. Ursprünglich diente der Besuch der Wallfahrt der Pestabwehr, später auch Schauerabwehr.

Im 18. Jahrhundert fanden noch noch zahlreiche Prozessionen statt, besonders aus Kleinhadersdorf, Poysbrunn, Ameis, Staatz, Hörersdorf, Fallbach, Wenzersdorf. Früher kamen auch zahlreiche Ungarn und Slowaken, die aber ausblieben, seitdem das Augenbründl verschüttet wurde. Schon 1673 kamen an Sonntagen über 300 Leute, später an Festtagen 700 bis 900 Personen, wobei es ziemlich lärmend, kirchweihmässig zuging. Ein Visitationsbericht spricht von dem „Brätelbraten, Weinschenken und Essen und Trinken". Im 18. Jahrhundert, an den Hauptfesttagen 2. Juli und 8. September kamen 5000 Besucher.

Das wurde beschrieben durch Thoman Grueber zu Wilmhelmsdorf, am 21. May Anno 1677, darin finden wir 43 Gebetserhörungen, meist an Augen- und Fusskrankheiten.[18]

---

18 http://www.sagen.at/doku/quellen/quellen_noe/maria_bruendl_wilhelmsdorf.html 21.07.2013

Einen weiteren heilige Brunnen finden wir in Gmunden im Salzkammergut. Die Legende erzählt von einem erbitterten Streit, der einst beim Wasserholen entstand. Zwei Brüder aus dem Geschlecht der Mühlwanger waren sich über den Besitz der Quelle nicht einig. Um den Zank zu schlichten, wollten sie sich an der Quelle treffen und einen friedlichen Vertrag aushandeln. Doch anstatt Frieden zu schliessen, gerieten sie in Wut und gingen mit Waffen aufeinander los. Das Quellwasser färbte sich rot vor Blut. Da versiegte die Quelle und die beiden feindlichen Brüder suchten entsetzt das Weite. Die Bewohner von Gmunden aber, die auf das Wasser angewiesen waren, litten schwer unter der Wassernot. Sie zogen in einer Bittprozession zur Quelle und flehten inbrünstig, dass Gott ihnen das Wasser zurückgebe. Als nun der Pfarrer mit dem Allerheiligsten den Segen spendete, begann es leise zu rauschen, die Quelle sprudelte wieder. Zum Dank erbaute man neben dem Brunnen eine Kapelle und seit damals heisst sie auch „Heiliger Brunnen“. Kaiser Maximilan I. kaufte 1515 den Brunnen und baute die erste Wasserleitung über eine Brücke zum Kammernhof. Die Leitung erhielt 1528 für Badezwecke einen zweiten Auslauf, dieser wurde 1811 auf den Klosterplatz verlegt.[19]

[19] http://austria-forum. org/

Dem Heilbrunnen von Ohmbach wird auch ein Wunder zugeschrieben. Eine adelige Tochter kam an dieser Quelle vorbei und machte eine letzte Rast vor dem Kloster in Herchen. Sie war erblindet, trank von dem Wasser aus der Quelle und konnte kurz darauf wieder sehen. Aus diesem Anlass liess das Kloster in Herchen diese Quelle als Brunnen einfassen und es sollen nach diesem Ereignis noch weitere ähnliche Wunder geschehen sein.[20]

Der Augenbrunnen auf der Kappel bei Marktleuten wird folgendermassen beschrieben: „Unweit unseres Markt liegt ein Berg, welcher Cappel genannt wird, weil zu diesen Zeiten des Papsttums auf derselben die sogenannte Wolfgangskapelle gestanden habe. Gleich unter dem Berge ist ein Brunnen gefunden worden, welcher ebenfalls der Wolfgangsbrunnen genannt wird. Von diesem bezeugen unsere alten und erfahrenen Bürger, dass derselbe vor ungefähr 50 Jahren so berühmt gewesen wäre, dass von weit entlegenen Orten Lahme, Krüppel und Elende dahin gebracht worden sind, und an diesem Ort Hilfe und Reinigung gesucht haben. – so schrieb der Marktleuter Pfar-

---

af/Wissensammlungen/Bibliothek/Heilige_Quellen/Ober%C... 02.06.2015

[20] http://www.windeck-bewegt. De/windeck-tourismus/sehenswert7heilbrunnen/ 2104.2014

rer Johann Seiferth 1774."[21]

In Heiligenborn ist der Schweicher Heilbrunnen. Die bauliche Gesamtanlage besteht aus Quelle, Wegekapelle, Stationenweg und Wegekreuz in gärtnerischer Anlage. Auf der Ostseite der Allee ist ein Kreuzweg mit 14 Stationen, die zur gefassten Quelle hinleitet. Der mit Wunderberichten über die Heilkraft der Quelle 1602 einsetzende Gebrauch des Heilwassers führte im 17. Jahrhundert zu einem ausgeprägten Kurbetrieb. Die Heilquelle geriet späterhin nicht in Vergessenheit, eine wirtschaftliche Nutzung unterblieb jedoch. Die Ausgestaltung dieses wichtigen Heilbrunnens im Kreisgebiet weist auf die Sinnschicht eines christlichen Quellheiligtums hin. Die seit 1615 mehrfach gefasste Quelle, umgewidmet als Paradiesborn, wurde 1926 umgestaltet. [22]

Die erste schriftliche Erwähnung des Hylligen Born, des Staatsbad Pyrmont, und des Brodelbrunnens als Heilquellen stammt von dem Dominikanermönch Heinrich von Herford aus der Zeit um 1350. Er beschreibt den Hylligen Born (fons sacer) und den Brodelbrunnen (fons bulliens), dessen lautes Brodeln man noch auf Armbrust-

---

[21] http://www.heimatforschung-marktleuthen.de/Augenbrunnen.htm 21.04.2014

[22] http://www.roscheiderhof.de/kulturdb/client/einObjekt.php?id=10163, 21.04.2014

schussweite hören konnte. Die Fassung der Quelle „der Hyllige Born" befindet sich unter dem Brunnentempel. Sie besteht aus einer Betonglocke, unter der sich das Quellwasser sammelt und durch den CO_2-Gastank mittels Leitungen in Vorratsbehälter in der Wandelhalle befördert wird. Der Hyllige Born schüttet etwa vier bis fünf Liter pro Minute. Er war seit jeher die „Trinkquelle" und wird noch heute zur Trinkkur für die Durchspülung der harnabführenden Wege verwendet.

Der Brodelbrunnen diente Badezwecken. Eine alte Holzrohrleitung, bestehend aus längs durchbohrten Baumstämmen, vom Brodelbrunnen zu dem 1777 erbauten Fürstlichen Badelogierhaus, wurde bei der Neugestaltung des Brunnenplatzes im Frühjahr 1999 gefunden. Das heutige Hotel Fürstenhof gilt als erstes Kurhotel der Welt, in dem man wohnen und eine Badekur durchführen konnte. Der Augenbrunnen trägt auf der Säule das Standbild der heiligen Odilie (Ottilie), der Schutzheiligen für das Augenlicht.[23]

Auch dem Gnadenbrunnen Weihenlinden werden Heilkräfte zugeschrieben. Wo heute die Kirche Weihenlinden steht, im ebenen Wiesen- und Ackerland östlich des alten Pfarrdorfes Högling, befand sich zu Anfang des 17. Jahrhunderts. ein

---

[23] http://www.staatsbad-pyrmont.de/index2.php?href-main&area-heilmittel&link-brun...,21.04.2014

eingezäunter Platz, in dem zwei mächtige Lindenbäume, die „Weichlinden“ und eine steinerne Martersäule standen. Nach der Volksüberlieferung sollen hier drei vornehme Männer begraben sein und die Nachbarschaft hegte ehrfürchtige Scheu vor diesem „Weichlindengarten“. Im frühen 17. Jahrhunderts stellten die Höglinger in der Martersäule eine Muttergottesfigur auf, die bisher wenig beachtet in ihrer Pfarrkirche stand, aus Versehen von ihrem Postament gestürzt worden und beim Fall auf das Kirchenpflaster völlig unbeschädigt geblieben war, weshalb sie sogleich besondere Verehrung genoss – das heutige Gnadenbild in der Gnadenkapelle.

In der Notzeit der Schweden- und Pestjahre 1632/34 gelobte die Pfarrgemeinde Högling den Bau einer Kapelle zu Ehren der hl. Dreifaltigkeit bei den „Weichlinden“. Doch erst 1643 konnte man an die Ausführung des Gelübdes gehen. Als Arbeiter hier nach Wasser für den Bau gruben und ihre Arbeit schliesslich als vergeblich aufgeben wollten, seien ihnen, so berichtet die fromme Überlieferung, drei geheimnisvolle Pilger erschienen, die ihnen Erfolg und reichen göttlichen Segen ankündigten. In Vertrauen darauf gruben die Männer weiter und fanden einen goldenen Ring, um den sich allerlei Legenden rankten; gleich darauf sprudelte auch eine ergiebige Quelle aus dem

Boden. Der Münchner Kapuziner Johann Chrysostomus gab den Höglingern den Rat, wegen der Form des Ringes die Kapelle „in die Rund zu formieren“ und neben der Hl. Dreifaltigkeit „Unser lieben Frauen Hilf zu einer Patronin einzusetzen“. Der Ruf der neuen Gnadenstätte verbreitete sich rasch im bayrischen Oberland und noch im gleichen Jahr strömten von allen Seiten Pilger zum Brünnlein, um hier zu beten und durch das Quellwasser in allerlei Gebrechen Hilfe und Gesundheit zu erlangen.[24]

Soweit der Hinweis auf einige Heilbrunnen, welche alle auf die Wunder Jesu zurückzuführen sind. Lourdes habe ich nicht erwähnt, weil diese Heilquelle eine der bekanntesten ist und mit ihren fünf Hallen und dem Teich mit dem bewegenden Wasser der Heilungen in Bethesda sehr nahe steht. Wunderheilungen sind Zeugnisse der Gnade und der Kraft Gottes.

---

[24] Schnell, Kunstführer Nr. 782 (von 1963) 5. Auflage 1995, S. 2-3

Erste christliche Glaubenszeugen

Der viel genannte Herr Arnold von Strättligen selig, hinterlies einen Sohn mit dem Namen, Herr Arnold von Strättligen. Als sein Vater starb, zählte man das Jahr 315. Dieser junge Herr Arnold von Strättligen wollte nun das Versäumnis seines Vaters erfüllen und vollbringen Er nahm einige von seinem Hofgesinde mit wie er für sich brauchte, und machte sich auf den Weg nach Rom. Auf dem Weg wurde er von Fürsten und Herren wohl empfangen, durch deren Land und Gegend er fahren musste. Er wurde auch beschenkt von den Fürsten und Herren. Und so kam er nach Rom zum Heiligen Vater und Papst Sankt Silvester, der auch vormals den Kaiser Constantin getauft hat und zum christlichen Glauben brachte. Von dem Heiligen Vater Sankt Silvester wurde er gar fröhlich und mit königlichen Ehren empfangen. So begann Herr Arnold zu handeln in seinen Sachen warum er zu ihm gekommen sei, und erzählte ihm auch dabei drei grosse Zeichen, und Wunder, die bei der Kirche im Paradies und dem heiligen Brunnen geschehen waren, die wahrlich so geschehen waren, so wie er vor dem Papst steht" [52]

Herr Arnold von Strättligen reiste in den Jahren nach 315 mit einigen Bediensteten nach Rom, zu Papst Silvester, der von 314 bis 335, Papst war.

Unter anderem berichtete er auch von drei Zeichen und Wundern, die bei der Kirche im Paradies und dem heiligen Brunnen geschehen waren. Es sind dies die Heilung des Peter Schik aus Erlenbach, von der Auferweckung des erhängten Hartmann im Hof aus Reuteigen und der Heilung der Besessenen Melchit Röslerin aus Stocken. Nun stellt sich die Frage, ob um 315 n. Chr. schon eine christliche Gemeinde am Thunersee leben konnte, und ob zu dieser Zeit schon Christen die nördlichen Alpen besiedelten. Aus der Legende können wir Folgendes erfahren:

Das Kloster der Augustiner Chorherren in St Maurice Agaunum im Kanton Wallis darf als die „Wiege" des Christentums in der Schweiz betrachtet werden. Das kam so: In Lyon war dem dortigen Bischof Eucherios (gest. um 450) die Geschichte vom Märtyrertod der sogenannten thebäischen Legion zu Ohren gekommen. Damit sie nicht in Vergessenheit gerate, schrieb er auf, was er gehört hatte, die Geschichte wurde weitererzählt und wurde zu dem, was wir heute legende nennen.

Die ganze Truppe, 6500 Mann, aus Ägypten stammend, wo sie Christen geworden waren, lagerte um 302/303 in der Gegend des heutigen St. Maurice. Von den „Thebäern" wurde verlangt, ihrem Glauben abzuschwören. Da sie dies ver-

weigerten, wurden sie getötet, auch ihr Kommandant Mauritius, den die katholischen Christen noch heute als heiligen verehren. St. Maurice ist – nach Romainmôtier – wohl das zweitälteste Kloster in Europa überhaupt, das seit seiner Gründung ohne Unterbruch besteht. Ein Kultzentrum zur Verehrung der Märtyrer gab es in Agaunum bereits seit 380. Theodul, Bischof von Martgny/Sitten, liess über der Märyrer-Grabstätte eine Kirche errichten, wahrscheinlich ist dies der älteste Kirchenbau nördlich der Alpen. St. Maurice war schon früh ein bedeutender Pilgerort.[25]

Wegen seiner strategischen Lage am Eingang zum oberen Rhônetal, zudem an einer wichtigen Handelsstrasse von Rom über den heutigen Grossen Sankt Bernhard nach Gallien und Germanien gelegen, richteten die Römer die Garnison Agaunum und eine Zollstation ein.

Einen weiteren Hinweis auf eine sehr frühe Christianisierung ist *in Sion (Sitten) im Rathaus zu sehen, wo sich das älteste Denkmal des Christentums in der heutigen Schweiz befindet. Es handelt sich um die sogenannte Asclepiodotus-Inschrift, die heute im Erdgeschoss des Sittener Rathauses davon zeugt, dass man schon um das Jahr 377, als*

[25] http://www. religionslandschaft.ch/de/religionen/geschichtliches/frühes-christentum/s... 20. 06. 2015

diese Inschrifttafel entstand, das „Geheimzeichen" der Christen verwendete. Das Christus-Monogramm, flankiert von den beiden „urchristlichen" Buchstaben A und O (Alpha und Omega) damit bekannte sich der römische Provinzstatthalter in Sitten, Pontius Asclepiodotus, der im Jahr 377 diese Tafel anfertigen liess, offen zum Christentum.[26]

Nach dieser Erkenntnis, die eine davon in Stein gehauen, und bis zum heutigen Tag ersichtlich und lesbar, kann absolut kein Zweifel mehr bestehen, dass das Christentum sehr früh in der Region der heutigen Schweiz und auch am Thunersee Fuss fassen konnte. In den Texten von Elogius Kiburger ist viel mehr Wahrheit zu finden, als bisher angenommen wurde! Es besteht durchaus die Möglichkeit, dass in irgendeiner Form eine Gruppe Christen an den Gestaden des Thunersees zusammenkam, um gemeinsam Gottesdienst zu feiern. Dazu brauchte es kein Gebäude. Nicht die Kirchen oder die Sakralbauten sind die Grundlage des christlichen Glaubens, sondern Menschen, die den Mut hatten, das Christentum anzunehmen und ihren Glauben auch öffentlich zu bekennen. So sind für eine frühe Christianisierung nicht Gebäude, sondern die Gläubigen von Bedeutung.

---

[26] ebenda

Wasser und Wunderbrunnen

„Und die Erde war wüst und leer, und es war finster auf der Tiefe; und der Geist Gottes schwebte auf dem Wasser (1. Mose, 1.2.).

Im ersten Buch der Bibel, erstes Kapitel, zweiter Vers, steht das Wort „Wasser" mit den Begriffen Gott, Himmel und Erde. Gott, Himmel, Erde und Wasser sind die ersten Worte der Bibel. Im 2. Buch Könige 5. 12-14 wird Naeman im Wasser des Jordan von seinem Leprabefall geheilt.

Die Quelle vieler Geschichten und Sagen finden wir in der Bibel. Biblische Geschichten, die weitererzählt und zum Teil den eigenen Ansprüchen angepasst wurden, sind auch in den Sagen um die Kirche im Paradies zu finden und der Grundstein für die Wunder, die dem Brunnen zugeschrieben wurden. So ist auch ein grosser Teil der Erzählungen des Cesarius von Heisterbach aus der Bibel entnommen und für die Eifel-Region zurecht „gedichtet". Mit grosser Wahrscheinlichkeit ist so auch die Strättliger Chronik entstanden. Die Wahrheit ist nicht in der Thunersee Region zu suchen, sondern in den Büchern des Alten und Neuen Testaments. Viele Wunder, die in Zusammenhang mit Wasser gebraucht werden, so auch dem Wunderbrunnen zu Einigen, erzählen von

Blinden, die wieder sehend wurden. Die Urgeschichte zu diesem Wunder finden wir im Neuen Testament, in Johannes 9. 1-7, dessen Text an dieser Stelle nun Wortgetreu zitiert wird:

„Und Jesu ging vorüber und sah einen der Blind geboren war. Und seine Jünger fragten ihn und sprachen: Meister, wer hat gesündigt, dieser oder seine Eltern, dass er blind geboren? Jesus antwortete: Es hat weder dieser gesündigt, noch seine Eltern, sondern es sollen die Werke Gottes offenbar werden an ihm. Ich muss wirken die Werke des, der mich gesandt hat, solange es tag ist; es kommt die Nacht, da niemand wirken kann. Dieweil bin ich in der Welt, bin ich das Licht der Welt. Da er solches gesagt, spie er auf die Erde und machte einen Brei aus dem Speichel und legte den Brei auf des Blinden Augen und sprach zu ihm: Geh hin zum Teich Siloah, das ist verdolmetscht: gesandt, und wasche dich! Da ging er hin und wusch sich und kam sehend.“ (Joh.9,1-7)

Jesus spuckte auf die Erde machte einen Brei und legte diesen auf die Augen des Blinden. Jedoch erst durch das Waschen am Teich Siloah wurde der Mann sehend. Dies Heilung geschah um das Jahr 32 nach Chr., wurde durch Johannes niedergeschrieben und auch weitererzählt, bis sie viele

Jahre später dem Wunderbrunnen in Einigen zugeschrieben wurde. Auch in Interlaken, am Goldswilerstutz, beim Mariabründl in Willhelnsdorf bei Poysdorf, dem Heilbrunnen von Ohmbach, dem Augenbrunnen auf der Kappel, dem Augenbrunnen Pyrmont und vielen anderen Quellheiligtümern geschahen diese Heilungen nach dem Vorbild aus Johannes. Der tiefe Glaube und die Kraft Gottes können bis zum heutigen Tag Wunder bewirken.

„Hier findet man auch Gesundheit des Leibes und der Seele von der Bewegung des Wassers dieses Brunnen, der durch mich bewegt wird zu gleicher weise, als in der bewehrten Fischteich vor alten Zeiten, die Kranke heilten, durch die heiligen Engel (Joh. 5) und durch die Wirkung des heiligen Kreuzes. [32]

An dieser Stelle wird dem Brunnen, dem Wasser, welches im Paradies in den Wendelsee sprudelt, zum ersten Mal eine heilende Wirkung zugesprochen. „Hier findet man Gesundheit für Leib und Seele." Es musste sich um ein gutes Wasser gehandelt haben, welches seit sehr langer Zeit schon den Menschen nicht nur den Durst stillte, sondern auch die Seele erfrischte. Es besteht durchaus die Möglichkeit, dass die Quelle im Paradies am Wendelsee so eine Art Geheimtipp war. Oft war Wasser verunreinigt oder hatte eine sehr langsame Fliessgeschwindigkeit. Auch wurde Wasser aus kleinen Tümpeln getrunken, was Krankheiten hervorrufen konnte. Schnell fliessende Gewässer hingegen waren sauber und kalt, so dass diese Wasser eine erfrischende, erquickende und wohltuende Wirkung hatten. Das Wasser dieses Brunnens war ein frisches, leichtes, kühles, welches nicht wie Blei im Magen lag. Solche Wasser wurde gerne getrunken, sodass die Menschen, welche eine solche Quelle nutzen konnten, mehr Wasser zu sich nahmen und somit ihrer Gesundheit etwas Gutes taten. Menschen, die gute und frische Wasser trinken konnten, reinigten so ihren Körper innerlich, konnte viele Giftstoffe ausschwemmen, hatten gesunde Nieren und Blasen und waren dadurch von vielen Krankheiten verschont. Gutes, frisches Wasser war eine Voraussetzung für einen gesunden Körper und eine gesunde Seele. Die Quelle im Paradies hatte wahrscheinlich schon seit langer Zeit gut von sich reden gemacht. Die Menschen wussten vom guten und klaren Wasser und erzählten dies auch gerne weiter. Jedoch nicht nur die Worte der Benutzer des guten Wasser, sondern auch die sichtbar gute Gesundheit dieser Menschen fügte das Seinige dazu bei. Dass dabei auch sehr schnell ein bisschen übertrieben wurde, war bei der ländlichen Bevölkerung des unteren Wendelsees mit Sicherheit so, wie es auch heute noch ist. Da musste nur mal eine schlimme Wunde eher schnell wieder geheilt sein, und schon wurde es dem Wasser zugeschrieben. Was auch richtig war: Oder eine starke Bindehautentzündung konnte zu einer vorübergehenden Fastblindheit führen. Wurden dann die Augen mit dem sauberen klaren Wasser der Quelle im Paradies ausgewaschen, wurde sicher eine schnelle Heilung eingeleitet. Das waren gute Voraussetzungen, einem solchen Wasser den Titel „Wunderquelle“ zuzuschreiben.

Viele Menschen hatten keine Zugang zu frischem sauberen Wasser, wurden dadurch oft krank, hatten Magen-, Darmbeschwerden und Durchfall, was oft zum Tod führen konnte. So ist eine Quelle, die sauberes frisches, gesundes Wasser, welches kühl und geruchlos aus dem Boden sprudelt, sehr schnell mit dem Wort „Wunder“ behaftet. Es wird als Wunder beachtet, dass gutes Wasser die Gesundheit, die Fruchtbarkeit und ein langes Leben schenken kann. Wasser ist der Lebensborn, die Gesundquelle, die Erfrischung, Erquickung und kraftspendende Nahrung für Leib und Seele.

Vielen Quellen und Brunnen werden heilende Kräfte zugeschrieben. Bis zum heutigen Tag reisen Tausende kranke Menschen mit viel Hoffnung nach Lourdes (F), um mit einem starken Glauben und dem Wasser ihre Gesundheit wiederzufinden. Aus all den vielen Heil- und Wunderbrunnen möchte ich eine ganz besondere, die in der Region bei Leipzig (D) sprudelt, hervorheben, den Seeleger Heil- und Wunderbrunnen, der seinen ersten Ausbruch im Mai 1645 hatte. Er wurde schon damals als Gesundheitsbrunnen bezeichnet. Da das Wasser zunächst aus dem blanken Acker entsprang, brachte ihm das den Namen „Wunderbronnen" ein. Ein zweiter Ausbruch war 1664 und ein dritter 1677. Auf einer steinernen Tafel im Quellhaus findet man folgende Inschrift:

„Im Monat July. Ist der Gesundheitsbrunnen bey Werben im Felde wieder entsprungen an dem Orte wo er 1664 auch gewesen, welcher Brunnen dermassen einen Ruf bekommen dass er Blinde, Scharboc und Kraetzige Leute curieret, deswegen er weit im fremden Lande ist geführt worden, bey welchen Brunnen im Monat July eine Predigt von Johann Knöcher, Pfarrer zu Hohenlohe ist gehalten und nachgehend täglich Betstunden bis zum Ausgang des Oktober gehalten worden, es sind täglich sehr viele Leute und eine rechte Niederlage da gehalten worden, dass man alle Tage essende Waren und andere Bedürfnisse bekommen

können.[27]

Ein amtlicher Erlass aus Lützen vom 1. August 1677 erwähnt,

dass viele Leute aus umliegenden Orten sich unterzogen, allerhand Näschereien und den Hülfesuchenden schädliche Speisen öffentlich feil zu halten, durch deren Geniessung „rote Ruhr" und andere Zufälle entstehen könnten, und befehligte daher dem Amtsfrohn, denen, so Kirschen, Pflaumen, Birnen, Äpfel, Gurken, Häringe und dergl. undienliche Speisen feilböten, anzudeuten und sie [...]bestraft werden sollten (Jacob 10).

In jenem Jahr 1677 muss es Tausende zum Wunderbrunnen gezogen haben, denn im Sonderdruck aus der Osternummer 1927 der Leipziger Neusten Nachrichten heisst es:

Man badet, man trinkt, man fährt das Wasser in Fässern von dannen, um auch in ferner Heimat seinen Segen zu geniessen. Fürsten und Adelige, Bürger und Bauern sind zu ihm gepilgert. An den Hof von Dresden, an das Hochstift von Merseburg wird amtlich berichtet. Der Kurfürst selbst teilt Stipendien aus, am auch Ärmeren die reise zum Wunderbrunnen zu ermöglichen.

Eine wahre Pilgerkolonne muss sich auf den

---

[27] Originaltext der beiden Steintafeln im Quellhaus. Dieser und der folgende Text wurde mir freundlicher weise von Frau Andrea Auster, Pagau/Kitzen, zur Abschrift bewilligt. (25. Juli 2015)

Weg zum Wunderbrunnen gemacht haben und mit ihr reiste die Kunde der wundersamen Heilungen, die sich hier zugetragen haben. Es existieren mehrere Verzeichnisse, die jeden Einzelnen aufführen, der öffentlich danken liess (und dessen Groschen in die Almosenbüchse wanderte). Die Aufstellung der geheilten Gebrechen ist beeindruckend und umfänglich und ich erfahre, dass bereits

Domenica 13. post trinit. Anno 1646 als den 23. August Nro. 19., Hanns Eckert, Zimmermann zu Lützen. Blasenstein – vergangenen Freytag wir Mohnkörnchen graulicht von ihm gegangen.

Domenica 14. post trinit. Anno 1646

Nro. 4., Eine arme Magd von der Sitte. Schwärende und flüssige böse Augen.

Nro. 7., Maria, Christoph Bussens Witwe zu Leipzig, 20 Jahre an innerl. Reissen und Stechen ihres linken Schenkels gelegen.

Ein „Neu vermehrtes Register, derer so gesund geworden“ von 1677 (...) schreibt, dass:

2., Ein Krüppel von Querfurt, welcher viel Jahr sich von Dorf zu Dorf führen lassen, der ist an der Naumburger Peter Paulus-Messe, wiewohl ungedankt, vom Brunnen gegangen.

19., Ein Priester, welcher 7 Jahr sich einer Brille bedienen müssen, nun kann er ohne Brille lesen.

20., Eine Person ist von der Krätze befreit wor-

den.

47., Ein Mägdelein, welche die Sommersprossen vergangen.

Nur zu gern wüsste man, was drin ist in jenem Zauberwasser, doch die Analyse des Pegauer Apothekers Helbig von 1852 ist unspektakulär:

(...) es ohne Geruch und Geschmack gefunden. Helle, ohne Gasgehalt, hat 1000 Gram d.W. hinterlassen beim Abdämpfen blos ¼ Gram trockenen Rückstand, aus Kohlen, und schwefelsaurer Kalk, salzsauren Natronsalz und schwefelsaurer Magnesia und Kieselerde bestehend. Der Ursprung der Quellen ist in der grossen Nähe des Bodens zu finden (Pegauer Heimatblatt).

Viele „Lendensteine“ verliessen ihre Träger vermutlich, nachdem diese sich einer ordentlichen Trinkkur und durch die weite Wanderung ausreichen Bewegung unterzogen, ein Verfahren, das bei kleinen Steinen noch heute Anwendung findet. Was jedoch die Sommersprossen erblassen liess und die Augen des Priesters schärfte, bleibt ein Geheimnis.

(...) 1678 versiegten die Quellen allmählich und mit ihm der Strom Kranker und Gebrechlicher. In den Kirchenbüchern der Kirche zu Hohenlohe findet sich in den Zeiten sprudelnder Quellen regelmässig eine grosse Zahl bestatteter Personen, die nicht in der näheren Umgebung wohnten. Das dürften all jene Pilger sein, für die der Brunnen nicht heilkräftig genug war oder die den Anstrengungen der weiten Reise nicht gewachsen waren und in den Herbergen der Bauern verstarben. Zurück blieben verwüstete Äcker, über die der Beamte Kirsten 1679 folgenden Bericht erstattet:

(...) der vor zwei Jahren unweit Werben entsprungene Gesundbrunnen wiederum vertrocknet. Thüre und Bretter des Verschlages darum, wie die Hütte für die Armen und Kranken von bösen Leuten gestohlen seien, die besitzer der Äcker auch solche zum Gebrauche gerne wieder frei haben wollten (Jacob 18).

Dann ist es eine ganze Weile still um den Wunderbrunnen. Herr Wetzel aus Pegau berichtet 1873 weiter:

Den 10. September 1704 ist der Gesundbrunnen bey Werben wieder entsprungen welcher schon vorher 1645 auch hervorkommen, und hat durch Gottes wunder bahre Kraft vielen Menschen zu ihrer Gesundheit geholfen.[28]

Viele Heilungen, die dem Seegeler Heil- und Wunderbronnen zugesprochen werden, wurden auch in der Strättliger Chronik des Elogius Kiburger, dem Wunderbrunnen zu Einigen, zugeschrie-

[28] Maschinengeschriebene Abschrift aus: Kühn. Chronik für Pegau. 1852. Privatbesitz der Familie Windau. Aus dem texht von andres Auster, „Der Seegeler Heil- und Wunderbronnen".

ben. Die Wunderbrunnen hatten für Einigen wie auch für die Bewohner beim Seegeler Brunnen eine ähnliche Auswirkung, wurden beide Orte doch bald zu Wallfahrtsorten, wo nebst dem Erlangen von Genesung auch für das leibliche „Wohl“ gesorgt wurde. Die Wunderbrunnen zogen Menschen aus der näheren und weiteren Umgebung an, was zu einem Brunnen- und Heiltourismus führte und auch ein bisschen Wohlstand brachte.

Wie in Einigen, so auch beim Seegeler Brunnen, ist die Heilung nur durch die Kraft Gottes (St. Michael) und das Wasser hervorgerufen worden.

Fazit

Dass dieses Heiligtum am selben Ort, da es doch ist, soll verdientermassen, würdig geehrt und gehalten werden; und darum hab ich keinen Zweifel, dass die würdigen Reliquien und Gebein ist an der würdigen Statt der Kirche und des Kirchhofes bei dem heiligen Brunnen daselbst zu dem Paradies, möge noch bis zum heutigen Tag einem jeglichen Menschen, der diese anrufe und ehre, in allen seinen Anliegen und Nöten, Krankheiten und kümmerlichen Sachen zu hilf kommen;. [175]

Die Kirche Einigen steht noch heute an den Gestaden des Thunersees, ein kleiner sakraler Steinbau mit spitzem Turm, und mag um die 1000 Jahre alt sein. Dass vor dieser Kirche schon eine ältere an diesem Standort war, wurde bei der letzten Restaurierung 1954/55 zu Tage gebracht. Ob davor noch eine „Holzkirche" die Gläubigen zum Gebet rief, kann nicht mit Sicherheit dargelegt werden. Jedoch besteht durchaus die Möglichkeit, dass Herr Arnold von Strättligen um das Jahr 315/16 den Papst Silvester in Rom besuchte und von dem Brunnen und einer Kirche, der christlichen Gemeinschaft im Paradies am Wendelsee erzählte. Dass um 302/03 schon Christen nördlich der Alpen lebten, bezeugt die Geschichte der christlichen Garnison im Wallis und die Steintafel im Rathaus zu Sitten, aber auch der römische Tempel in Allmendingen bei Thun, wo mit grosser Wahrscheinlichkeit, schon sehr früh, zum Christentum konvertierte Frauen und Männer am Thunersee, links der Aare, vom Christentum erzählten.

Dass in der Strättliger Chronik das Wort Kirche nicht nur als Gebäude in Betracht zu ziehen ist, ist eine neue Erkenntnis und entlastet die Chronik vom Gerücht der reinen Fantasie. Auch die Aussage vom Aufwallen des Brunnens konnte in ein neues Licht gestellt werden. Die Chronik spricht von der ersten grossen Evangelisation im kleinen Burgund. Dass zu diesen zwei neu erkannten schriftlichen Zeugnissen noch die Wunder und Zeichen eine wichtige Rolle spielen, welche alle auf die Wundertaten Jesu zurückzuführen sind, macht aus der Strättliger Chronik ein Werk von unschätzbarem Wert.

Elogius Kiburger konnte nur das schreiben, was er gelesen hatte (lateinisches Buch, Cesarius von Heisterbach oder aus anderen schriftlichen Quellen, die ihm zur Verfügung standen), aber auch von dem, was er gehört und gesehen hatte. Schreiben hat vor allem den Nutzen, mündlich weitergegebene Geschichten (wie oft diese auch immer verändert wurden) vor dem Vergessen zu bewahren. In jeder mündlich überlieferten Erzählung ist ein Kern Wahrheit. Und dieser Kern, der aus Erlebtem durch viele Ohren und Munde zur Sage wurde, soll mit dieser kleinen Schrift vor der Vergessenheit bewahrt werden.

Möge es gelingen, dass die Geschichten, Erzählungen und Sagen vom Wunderbrunnen und der Kirche im Paradies noch lange Zeit die Herzen der Leser erfreuen, und, so wollte es sicher auch Elogius Kiburger, die Menschen in ihrem Glauben stärken. Denn nur Gott und der Brunnen gemeinsam konnten all die Wunder vollbringen.

Fotodokumentation der Kirche Einigen

1) Ortskarte
2) Kirche aussen
3) Kirche aussen Detail
4) Kirche aussen
5) Kirche von vorne
6) Türe und Treppe innen
7) Bänke und Blick in den Chor
8) Kanzel
9) Glockenseile
10) Fenster mit Jakobus
11) Vaterunser Scheibe
12) Vaterunser Scheibe

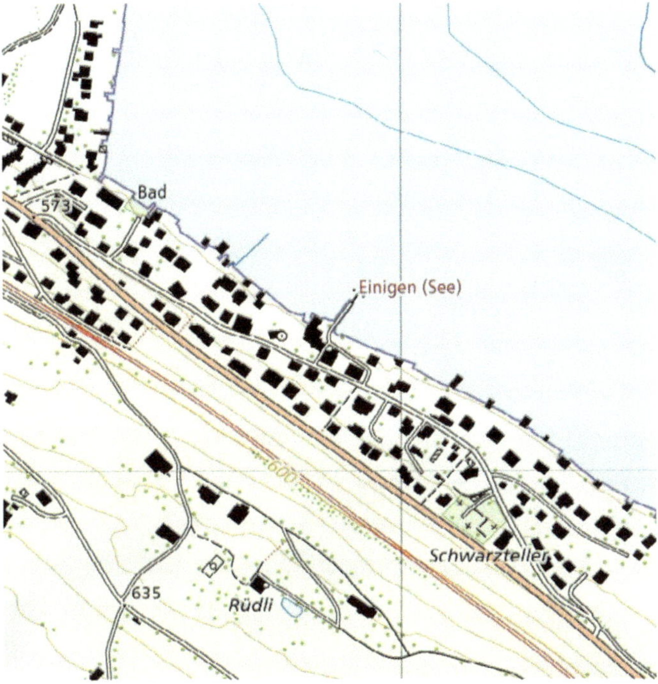
Bad
573
Einigen (See)
600
Schwarzteller
635
Rüdli

Von Arthur Maibach erschienen

Novum Verlag
Ein Schriftsteller zwischen Wien Hollywood und Einigen, 2008
Hommage an Hans Müller Einigen

Weber Verlag
Einigen, der schönste Punkt der Welt, 2010

Rediroma-Verlag
Katzenstein, 2015
Eine Entmythologisierung des Kindlisteins und ein Mahnmahl der Frauenunterdrückung

Spiezer Winzer in der Pfalz, 2016
Und Massenauswanderung aus dem Berner Oberland

Der Wunderbrunnen von Einigen, 2016
Und die Wallfahrt am Thunersee

Eine Hinrichtung in Einigen? 2017
Und Reformation kontra Täufer

Lilie des Todes, 2017
Uhren-, Zeit und andere Geschichten,
Anekdoten aus meinem Uhrenatelier

Ein Kriegsopfer aus Einigen
Die Schlacht am Grauholz
Instrumentalisieren Denkmäler‘

Strasse der Tränen
Erlebnisse, Gefühle und Gedankenspliter

Die Kindergärtnerin von Einigen

Der Autor

Arthur Maibach, 1953, Religionsphilosoph, Genealoge und Buchautor, lebt und arbeitet in Einigen am Thunersee. Akademiestudium der Geschichte, Fernuni Hagen. Lehrgang „Geschichte im Zeitspiegel“, „Ahnenforschung professionell gemacht“ und „Religionsphilosophie“, alle mit Abschlusszeugnis, Studiengemeinschaft Darmstadt. Er ist Verfasser einer Biografie (Hans Müller Einigen), des Heimatbuches „Einigen, der schönste Punkt der Welt“, verschiedener Texte in Büchern und Zeitschriften und den Reihen Spiezer Veröffentlichung für Geschichte und Heimatkunde und Genealogisch-Historische Veröffentlichungen.